Mon cerveau
ne m'écoute pas

Comprendre et aider
l'enfant dyspraxique

La Collection du CHU Sainte-Justine
pour les parents

Mon cerveau ne m'écoute pas

Comprendre et aider l'enfant dyspraxique

Sylvie Breton

France Léger

Éditions du CHU Sainte-Justine

Centre hospitalier universitaire mère-enfant

Catalogage avant publication de la Bibliothèque et Archives Canada

Breton, Sylvie

   Mon cerveau ne m'écoute pas ! : comprendre et aider l'enfant dyspraxique

   (La Collection du CHU Sainte-Justine pour les parents)
   Comprend des réf. bibliogr.

   ISBN 978-2-89619-081-2

   1. Dyspraxie - Ouvrages de vulgarisation. 2. Troubles psychomoteurs chez
l'enfant - Ouvrages de vulgarisation. I. Léger, France. II. Titre. III. Collection:
Collection du CHU Sainte-Justine pour les parents.

RJ496.A63B73 2007   618.92'83   C2006-942350-4

Illustration de la couverture: Geneviève Côté

Infographie: Folio infographie

Diffusion-Distribution au Québec: Prologue inc.
                              en France: CEDIF (diffusion) – Casteilla (distribution)
                              en Belgique et au Luxembourg: SDL Caravelle
                              en Suisse: Servidis

Éditions du CHU Sainte-Justine
3175, chemin de la Côte-Sainte-Catherine
Montréal (Québec) H3T 1C5
Téléphone: (514) 345-4671
Télécopieur: (514) 345-4631
www.chu-sainte-justine.org/editions

Dépôt légal: Bibliothèque et Archives nationales du Québec, 2007
             Bibliothèque et Archives nationales du Canada, 2007

Pour Aglaé et tous les enfants dyspraxiques.

Remerciements

▼

Merci à Aglaé, ma fille ; pour m'avoir permis de me dépasser comme femme et comme mère. À Alain, mon époux ; mon complice et mon soutien à travers ce projet et celui de notre vie commune depuis plus de 25 ans. À Xavier, mon fils ; pour son encouragement brut et maladroit mais combien sincère !

Merci à France Léger ; pour son dévouement à cette cause et pour sa conviction croissante qui permet à l'Estrie de se démarquer pour la reconnaissance de la dyspraxie. À Carole Albert, présidente de l'Association Québécoise pour les Enfants Dyspraxiques ; pour son écoute, sa compréhension et son encouragement lors des moments difficiles de cette rédaction

Sylvie Breton

En tout premier lieu, je remercie mon conjoint, Pierre, pour son appui tout au long du processus de rédaction, pour avoir accepté de me lire, de me critiquer et de me conseiller toujours de façon constructive. Je lui dois de m'avoir poussée à me dépasser. Merci également à mes fils, Alexandre et Mathieu, pour leurs encouragements et leur patience.

Je remercie mes collègues de travail pour les multiples échanges qui m'ont permis d'enrichir ma compréhension de la dyspraxie. Un merci particulier à Doris Desruisseaux et à Sophie Gagnon pour leur appui dans mes moments de doute.

Un grand merci à tous les enfants dyspraxiques et à leur famille, qui m'accordent leur confiance et qui me permettent de comprendre toujours mieux leur réalité et leurs défis. Enfin, je veux témoigner ma plus profonde gratitude à Sylvic Breton pour le respect, la complicité et la confiance indéfectible qu'elle m'a accordée tout au cours de cette longue aventure.

France Léger

Nous tenons toutes deux à remercier la docteure Evelyne Pannetier, qui a accepté de partager avec nous ses connaissances et sa vaste expérience, ce qui a sans contredit contribué à élargir notre compréhension de la dyspraxie.

TABLE DES MATIÈRES

▼

PRÉFACE

▼

La dyspraxie au quotidien :
vivre avec l'incertitude
et faire le choix du bonheur

Il est de ces gens à qui, un jour, la vie inspire l'idée d'écrire. Certains la fécondent d'une intention, la transforment en projet et finalement plusieurs mois plus tard, à force de désir et de persévérance, donnent naissance à une œuvre.

C'est un peu la trajectoire du livre sur la dyspraxie que vous avez entre les mains. Une femme, Sylvie Breton, pleine de son expérience de parent d'enfant dyspraxique depuis 14 ans, a un jour l'idée de proposer aux autres parents qui auront à vivre une réalité similaire à la sienne, des outils pour comprendre, apprivoiser et agir au quotidien avec leur enfant dyspraxique. Pour réaliser cette œuvre, elle s'adjoint une précieuse collaboratrice, France Léger, ergothérapeute qui travaille en réadaptation depuis près de vingt ans, et particulièrement avec des enfants dyspraxiques depuis près de dix ans.

Cet ouvrage apporte donc une double perspective – ce qui en fait toute la richesse et l'originalité – sur les différentes étapes et les multiples aspects de l'accompagnement d'un enfant dyspraxique. Une fine habileté à manier et à mettre en dialogue savoirs d'experts et savoirs de proximité transparaît déjà dans la co-construction du livre. Le choix des thèmes abordés, l'organisation et la présentation claire de l'information dans un style simple et coulant sont autant de signes d'une œuvre fondée à la fois sur une expertise en réadaptation, développée sur la base de connaissances en neurologie[1] et en développement de l'enfant et sur un savoir issu de l'expérience vécue. Une expérience tissée au fil des jours, acquise dans différents lieux (la maison, l'école et le centre de réadaptation). faite d'essais et d'erreurs, de recherche et d'ajustements constants pour suivre le cheminement particulier de chacun des enfants.

«*Mon cerveau ne m'écoute pas*» - *Comprendre et aider l'enfant dyspraxique* se parcourt à la fois comme un guide et une source d'inspiration. Pareil à tout être humain, chaque enfant dyspraxique est unique, tant dans la spécificité et l'évolution particulière que présente chez lui la dyspraxie, que dans son caractère et ses goûts personnels. Tout au long de leur livre, les auteurs nous proposent une conception globale du contexte favorable pour accompagner un enfant dyspraxique, nous rappelant aussi qu'il appartient aux parents de choisir dans l'ensemble des conseils et des manières de faire proposés ceux qui leur conviennent et les inspirent. C'est en effet chaque famille qui est le maître d'œuvre, l'axe central autour duquel s'organise, prend forme le sens de la vie, toujours quotidienne, d'un enfant dyspraxique. Les parents trouveront dans ce livre, non pas des recettes magiques pour «effacer» la dyspraxie, mais de judicieux repères et de précieuses clés pour penser et mettre en œuvre un accompagnement sur mesure qui allègera et embellira la vie de leur enfant tout en considérant le contexte et la culture propres à leur famille.

À un autre niveau de lecture, ce livre – guide – inspiration – référence, nous sensibilise à la complexité d'être parent d'un enfant dyspraxique. Le nécessaire apprentissage d'une nouvelle manière d'être parent se fait en parallèle à celui que doit faire

---

1. Pour une perspective clinique et médicale de la dyspraxie, voir *La dyspraxie : une approche clinique et ptratique,* du docteur neuropédiatre, Évelyne PANNETIER, dans la collection Intervenir aux Éditions du CHU Sainte-Justine.

un petit garçon ou une petite fille dont « l'enfance se transforme en un souci constant de savoir comment faire et en une incessante reprise de gestes, qui semblent malgré beaucoup d'efforts, toujours échapper un peu à son contrôle », observe France Léger dans sa pratique.

Tous et chacun sont appelés à faire le deuil de la perfection. Cette notion de perfection est centrale dans notre culture occidentale moderne ; elle se présente comme une quête de sens, comme un objectif vers lequel chacun devrait idéalement tendre pour réaliser des performances de plus en plus maximales. En réponse à ce discours dominant, avant tout économique et moral, d'autres voix, plus proches de la vie, se font entendre pour la reconnaissance de la pluralité de notre humanité. C'est au cœur de cette ambiguïté sociale et culturelle qu'est la nôtre, entre le culte de l'excellence et l'ouverture à la différence, qu'un père et une mère d'enfant dyspraxique, tout comme leur fils ou leur fille, doivent apprendre à vivre dans une posture d'incertitude, en équilibre souvent mince entre la force et la fragilité.

« Avec le temps, arrive le sens des mots et le poids de leur signification. Alors on ressent le besoin d'avoir du temps et la peur d'en perdre, le besoin d'être informé et la peur d'interroger, le besoin de vérité et la peur de la certitude », nous témoigne de son expérience, Sylvie Breton.

Cette posture d'ambiguïté, les auteurs la reconnaissent à la fois au désarroi que peuvent vivre les parents dans la proximité et la responsabilité quotidienne de leur enfant dyspraxique et au courage qu'ils démontrent pour se battre sur plusieurs plans en même temps. La dyspraxie est encore méconnue, elle n'est diagnostiquée que depuis une quinzaine d'années. Peu de personnes arrivent à reconnaître un enfant dyspraxique ou même à croire que le jeune qui est devant eux, s'exprimant souvent très bien, d'apparence semblable à n'importe quel autre enfant de son âge, vit en réalité un combat sans fin pour passer à travers une journée ordinaire, vivant en diagonale dans un monde parallèle, comme l'illustrent bien ces mots d'une adolescente dyspraxique[2].

Il incombe donc toujours aux parents de faire connaître le handicap de leur enfant, et par le fait même de se faire reconnaître comme parents capables de comprendre et faire face à ses difficultés. « En plus d'avoir à l'admettre, il faut se battre pour que la dyspraxie soit reconnue dans notre entourage, par la famille et par l'école » fait remarquer un parent. Il est en effet fréquent que la responsabilité des difficultés de l'enfant soit d'emblée attribuée à l'attitude des parents : soit qu'on les dise trop exigeants et s'imaginant un problème, soit qu'on les suppose incompétents à encadrer adéquatement leur enfant pour lui apprendre à bien fonctionner. Il est vrai que ce n'est pas uniquement les parents d'enfants dyspraxiques qui portent le poids des jugements extérieurs quand un enfant s'éloigne d'une norme établie, mais la dyspraxie, de par son caractère invisible, laisse planer le doute qu'il « manquerait peut-être juste un petit quelque chose pour réparer ce qui fait défaut ».

C'est en toute connaissance de ce voile d'ambiguïté et de confusion entourant la dyspraxie qu'en écrivant ce livre, les auteurs ont cherché à fournir un socle pour bâtir l'accompagnement d'un enfant dyspraxique à partir de repères plus tangibles, plus rassurants. En trame de fond, elles invitent d'abord à une distanciation face aux normes de développement et aussi peut-être face à certains rêves et désirs que portent les parents en mettant au monde des enfants. Ensuite, elles proposent un adoucissement de quelques valeurs liées aux résultats, à la production et au progrès, simplement pour dégager un peu d'espace pour l'harmonie, l'humour et la créativité dans la vie de tous les jours. Finalement, elles

---

2. Victoria Biggs (2005), *Caged in Chaos. A Dyspraxic Guide to Breaking Free.* London : Jessica Kingsley Publishers, 13.

croient que c'est dans la création d'un projet familial d'accompagnement basé sur la confiance et la mise à profit des capacités de chacun qu'il est possible d'être et de faire au mieux dans la mesure des ressources et circonstances de vie de chaque famille.

Les familles se constituent aujourd'hui sous des formes variables : parent unique, parents multiples, diverses formules de garde partagée, parents en couple uni, parfois harmonieux, parfois en difficulté... Toutes ces variantes existent et comportent chacune des forces et des fragilités avec lesquelles tous doivent composer et qui seront le point d'ancrage de l'accompagnement de l'enfant dyspraxique.

Ce processus de distanciation, d'ajustement et de réorganisation ne se fait pas seul, les parents ont besoin d'être écoutés et reçus, ils ne cherchent pas à s'entendre dire que tout va s'arranger avec le temps · ils savent (ou sont en voie d'en prendre conscience) que leur vie s'oriente pour de bon dans une nouvelle trajectoire. Cette acceptation peut prendre un temps plus ou moins long suivant les personnes et les cultures familiales.

C'est de ces positions de parent et de professionnelle ancrées dans le vivant, un vivant réel fait d'aspérités, de trop, de manques, de dénis, de réussites, de découragements, de découvertes, de contradictions et de grandes joies qu'est né et qu'a pris forme ce livre. Il ressort de cette écriture à quatre mains une invitation à faire le choix du bonheur, en quelque sorte, en dépit de l'incertitude et des embûches, à travers une vie parsemée aussi d'encouragement, d'écoute, d'adaptation, de victoires, de solidarité, d'entraide et d'amour.

« Mon cerveau ne m'écoute pas » - *Comprendre et aider l'enfant dyspraxique* s'inscrit dans un mouvement d'éducation et de sensibilisation sur la dyspraxie qui grandit d'année en année suite aux demandes croissantes d'information provenant de plusieurs milieux (familles, milieux scolaires, ministère de l'Éducation,

milieux communautaires, intervenants de diverses professions).
En écrivant cet ouvrage, Sylvie Breton et France Léger viennent
d'y déposer une pièce incontournable.

Marguerite Soulière
Doctorant en anthropologie, Université de Montréal
Unité de pédiatrie interculturelle,
CHU Sainte-Justine

Avant-propos

▼

Cet ouvrage a vu le jour grâce à la rencontre de deux visions qui s'influencent et se complètent; celle du quotidien et celle de la transformation de ce quotidien. Ce mariage du parent et de l'ergothérapeute représente deux expertises qui allient vécu et connaissance, avec un regard posé tantôt de l'intérieur, tantôt de l'extérieur.

Afin de donner un sens et une raison d'être à cet imprévu de vie qu'est la dysparxie, il semblait bénéfique en tant que parent, de pouvoir aider et changer le cours des choses en créant un repère qui n'existait pas auparavant. Du point de vue de l'ergothérapeute, le constat de la méconnaissance et du manque de compréhension de ce qu'est la dyspraxie a engendré la volonté d'informer, d'expliquer et d'outiller.

Nous souhaitons que cette lecture soit le premier pas vers le mieux-être des enfants dyspraxiques.

CHAPITRE 1

LA DYSPRAXIE :
DE QUOI S'AGIT-IL ?

▼

Définir la dyspraxie

La dyspraxie est un trouble de la planification et de la coordination des mouvements qui sont nécessaires pour réaliser une action nouvelle, orientée vers un but précis. Ce trouble entraîne des difficultés plus ou moins sévères dans l'élaboration et l'automatisation des gestes volontaires. Ainsi, la personne dyspraxique apparaît incapable de planifier, d'organiser et de coordonner ses gestes en séquence (en ordre) pour produire une action nouvelle et adaptée à l'environnement dans lequel elle agit.

La dyspraxie est un trouble du « comment faire ». Les personnes dyspraxiques apprennent à exécuter les tâches motrices avec beaucoup de répétitions et cet apprentissage ne se généralise pas spontanément à d'autres situations. La personne doit donc apprendre chaque variante d'une activité comme si elle était toute nouvelle.

La dyspraxie entraîne des incapacités qui interfèrent avec l'accomplissement des activités de la vie quotidienne, avec les apprentissages scolaires ou encore avec le travail. Nous aborderons ces aspects de façon plus approfondie dans les chapitres qui suivent.

On parle souvent de dyspraxie développementale pour signifier que l'atteinte est congénitale, donc présente depuis la naissance, et non spécifique, en ce sens qu'elle ne touche pas une zone très précise du cerveau, mais plutôt le développement d'un ensemble de fonctions neurologiques. Aucune cause n'est encore identifiée avec certitude, mais plusieurs auteurs rapportent, pour la moitié des cas recensés, un manque d'oxygène à la naissance. On indique aussi que la dyspraxie toucherait autour de 6 % des enfants de 5 à 12 ans et que les garçons en sont atteints de deux à quatre fois plus souvent que les filles. Précisons qu'on ne dispose encore d'aucune statistique québécoise.

Enfin, le terme « apraxie » signifie une absence complète du mouvement volontaire. On l'utilise généralement chez l'adulte pour désigner un désordre dans l'exécution des gestes appris, après une atteinte lésionnelle, par exemple un accident cérébral vasculaire. Toutefois, il arrive que des médecins emploient le mot « apraxie » dans la dyspraxie développementale pour décrire une altération spécifique d'une fonction. Ainsi, on pourra retrouver un ou plusieurs types d'apraxie dans le diagnostic de dyspraxie de l'enfant :

- Apraxie idéatoire : incapacité à effectuer volontairement la séquence des gestes nécessaires pour réaliser une action complexe, en raison d'une difficulté à concevoir l'idée même de cette action. Par exemple, ouvrir le tube dentifrice, mettre la pâte sur la brosse à dents et se brosser les dents.

- Apraxie idéo-motrice : incapacité à imiter des gestes ou à exécuter une action sur commande verbale, sans l'utilisation des objets en cause, même si la personne comprend et sait quoi faire ; alors que dans un geste spontané, l'action est souvent bien réussie. Par exemple, la personne est incapable de mimer de se brosser les dents, mais elle le fait naturellement chez elle, le matin.

- Apraxie de construction : incapacité à faire un assemblage dans le but de reproduire une construction en deux ou en trois dimensions, ou encore un dessin.

- Apraxie d'habillage: incapacité à s'habiller adéquatement en raison d'une impossibilité à mettre les vêtements dans le bon ordre et aussi d'une mauvaise utilisation des vêtements.

- Apraxie bucco-faciale: incapacité à imiter, sur commande verbale, des mouvements avec la bouche, par exemple, tirer la langue, gonfler les joues, souffler, etc.

Bien comprendre ce qu'est une praxie

Le mot «praxie» vient du grec «praksis» et signifie «action ordonnée vers une fin». C'est une habileté qui requiert la capacité de concevoir, de planifier et d'exécuter une séquence de gestes orientée vers un but. Elle suppose donc un agencement des gestes dans un ordre précis pour produire l'action voulue.

Le développement des praxies est à la base de l'organisation du comportement moteur. En effet, une organisation motrice adéquate permet à l'enfant d'agir de façon volontaire et efficace, selon le but qu'il s'est fixé. Les praxies ne sont pas innées, elles s'acquièrent plutôt au cours du développement et des expériences d'apprentissage, pour devenir matures vers l'âge de 11 ans.

Le développement des praxies est un processus comportant plusieurs étapes qui se déroulent dans un certain ordre. La première étape, appelée **idéation**, réfère à l'idée que l'on se fait de l'action à produire. C'est la phase de conceptualisation ou encore de représentation mentale de notre action, avant même de la mettre à exécution. Elle est donc essentiellement cognitive, au sens où elle s'élabore par la pensée.

Vient ensuite la **planification**, qui est l'étape de programmation et d'organisation de l'action selon un plan ordonné. Elle suppose de connaître et de mettre en séquence chacun des gestes qui mèneront à la réalisation de l'action voulue. La planification oblige à choisir une stratégie d'action. Cette seconde étape est encore fortement cognitive, mais elle repose aussi sur l'intégrité des systèmes sensoriels (qui reçoivent l'information du corps ou de l'extérieur), sur la connaissance de notre corps et de la place que celui-ci occupe dans l'espace (schéma corporel), ainsi que de l'interaction entre le corps en mouvement et l'environnement.

Enfin, la dernière étape est l'**exécution**, c'est-à-dire la mise en œuvre de notre série de mouvements et la réalisation de l'action, selon le plan élaboré. Cette phase comprend également la capacité à modifier ou à adapter le plan en cours d'exécution afin d'arriver au résultat voulu. C'est l'étape motrice du processus praxique.

Comme on peut le constater, le développement des praxies est essentiel pour réaliser une multitude d'actions et il contribue à façonner le comportement humain.

Les conditions fréquemment associées à la dyspraxie

Malheureusement, les troubles neurologiques viennent rarement seuls et la dyspraxie ne fait pas exception. Un des troubles le plus fréquemment associé à la dyspraxie est le trouble déficitaire de l'attention, avec ou sans hyperactivité (TDA/H). De plus en plus connu et diagnostiqué, ce trouble repose sur un ensemble de comportements qui comprennent – en proportion variable – de l'inattention, de l'impulsivité et de l'hyperactivité. Plusieurs enfants dyspraxiques présentent les caractéristiques du TDA/H et peuvent bénéficier d'un traitement pour celui-ci. Toutefois, l'enfant peut paraître inattentif – sans l'être réellement – en raison des difficultés inhérentes à la dyspraxie sur les plans du traitement de l'information, de la perception visuelle et de la vitesse d'exécution. Il faut donc demeurer prudent quant au diagnostic rapide de TDA/H, puisque bien des enfants dyspraxiques, s'ils n'ont pas un vrai déficit de l'attention, ne seront pas aidés par la médication.

La deuxième condition fréquemment associée à la dyspraxie est la présence de difficultés d'apprentissage, touchant différentes matières et étant d'intensité variable selon chaque enfant et selon son degré de scolarité. Comme nous le verrons plus loin, les déficits entraînés par la dyspraxie dans plusieurs sphères du développement ont de grandes répercussions sur les apprentissages scolaires. On trouvera au chapitre 8, intitulé *L'enfant dyspraxique à l'école*, la description détaillée des difficultés d'apprentissage associées à la dyspraxie.

Les différentes appellations de la dyspraxie

Au fil des années et selon différents auteurs, la dyspraxie a reçu plusieurs appellations. Déjà en 1977, l'Organisation mondiale de la santé (OMS) reconnaissait le syndrome dyspraxique dans sa Classification internationale des maladies (CIM). Dans sa 10e révision (CIM-10), l'OMS classe actuellement la dyspraxie de développement sous le terme de «Trouble spécifique du développement moteur». Ce trouble est décrit comme une altération sévère du développement de la coordination, non imputable exclusivement à un retard global ou à une affection neurologique spécifique, congénitale ou acquise [...].

Au cours des années 70, certains auteurs – dont Gubbay (1975) – utilisaient le terme «clumsy child» (enfant maladroit). Ils référaient à un enfant d'intelligence normale qui, bien que n'ayant aucune anomalie physique, ne pouvait exécuter les mêmes activités motrices que les autres enfants de son âge. De nos jours, on n'utilise à peu près plus ce terme, en raison de sa connotation péjorative.

Dans une autre classification, celle de l'Association américaine de psychiatrie (DSM-IV, 2000), on utilise plutôt le terme

«Developmental coordination disorder» (DCD), traduit en français par Trouble d'acquisition de la coordination (TAC). Comme le dit son nom, cette appellation met l'accent sur l'aspect moteur du trouble identifié, en spécifiant que les problèmes de coordination interfèrent avec l'apprentissage à l'école et la réalisation des activités de la vie quotidienne. En 1994, l'appellation DCD a fait l'objet d'un consensus et c'est actuellement le terme le plus utilisé aux États-Unis et au Canada anglais.

Dans le milieu de la réadaptation, particulièrement en ergothérapie, les cliniciens ont largement été influencés par les travaux de J. Ayres (1972, 1985). Cette ergothérapeute a développé la théorie d'intégration sensorielle pour expliquer la relation entre les déficits dans l'interprétation des sensations et des difficultés d'apprentissage chez les enfants qu'elle traitait. Selon cette auteure, l'intégration sensorielle est un processus neurologique qui organise les sensations provenant du corps et de l'environnement et qui permet de les utiliser pour planifier efficacement des actions. Ayres émettait l'hypothèse que les difficultés de planification motrice menant à des troubles d'apprentissage résultaient d'une pauvre intégration des informations sensorielles. On sait maintenant que cette définition ne s'applique qu'à une partie des enfants dyspraxiques.

Quant au terme **dyspraxie,** il est utilisé surtout au Québec et en Europe, et sa définition varie selon les professionnels et le pays d'où ils proviennent.

Malgré ces différences de terminologie, on peut dégager des points communs à toutes ces appellations. La dyspraxie est un trouble moteur:

- qui touche la planification et la coordination des mouvements, cela en l'absence de déficit moteur primaire affectant les nerfs ou les muscles, comme dans la paralysie cérébrale, la dystrophie musculaire ou autres;

- qui n'est pas causé par une déficience intellectuelle ou un trouble envahissant du développement;

- qui a des conséquences sur l'autonomie dans la vie quotidienne et sur les apprentissages scolaires.

Que retenir?

- La dyspraxie est un trouble neurologique qui affecte la capacité à planifier et à coordonner ses gestes de façon à réaliser des actions complexes et adaptées à son environnement.

- Le trouble déficitaire de l'attention avec ou sans hyperactivité et les troubles d'apprentissage sont les deux conditions les plus fréquemment associées à la dyspraxie.

- Dans la documentation et selon les pays, il existe plusieurs appellations et définitions de ce trouble. Les deux termes les plus employés actuellement sont la dyspraxie et le DCD (Trouble d'acquisition de la coordination).

Pour en savoir plus

PORTWOOD M. *Developmental Dyspraxia - Identification and Intervention: A manual for parents and professionals.* 2e. éd. London: David Fulton Publ., 1999. 212 p.

MISSIUNA C. *Les enfants présentant un trouble de l'acquisition de la coordination: stratégies pour mieux réussir à la maison et en classe.* Hamilton, Ont.: CanChild - Center for Childhood Disability Research, 2003. Version PDF sur Internet: www.canchild.ca/portals/0/reports/pdf/French_DCD_Booklet.pdf

CHAPITRE 2

DISTINGUER LA DYSPRAXIE DES AUTRES TROUBLES NEUROLOGIQUES

▼

Dyspraxie ou troubles praxiques

Tout d'abord, il est important de comprendre que tous les troubles praxiques ne mènent pas automatiquement à un diagnostic de dyspraxie. Comme nous l'avons vu, les difficultés du développement des praxies entraînent des perturbations de la planification et de l'exécution de séquences de gestes. Cet ensemble de difficultés, appelé « troubles praxiques », se retrouve dans plusieurs conditions neurologiques, sans toutefois en être le symptôme prédominant. Ainsi, lorsqu'un autre diagnostic explique mieux les principales caractéristiques de l'enfant, on parle de « troubles praxiques associés à ce diagnostic » et non de « dyspraxie ». Par exemple, on parlera de troubles praxiques associés à la dysphasie chez un enfant dont le principal problème tient au langage, tandis que dans la dyspraxie proprement dite, les troubles praxiques sont la principale cause des difficultés vécues par l'enfant.

*Démêler les « dys » : dyspraxie, dysphasie, dyslexie, et autres troubles**

Il est parfois difficile de se retrouver dans la panoplie des différents troubles neurologiques. En effet, comment distinguer

---

* La présentation des troubles a été inspirée et adapté d'un tableau créé par Constance Lambert, dans le cadre du projet de recherche-action intitulé « Expérimentation d'ateliers de formation destinés à l'entourage des enfants ayant des difficultés praxiques. »

la dyspraxie des autres «dys»? Qu'est-ce qui appartient à quel trouble? Est-ce qu'un trouble peut en entraîner un autre? Nous tenterons ici de distinguer quelques diagnostics fréquents et qui peuvent porter à confusion par la similitude de leur nom et de certaines de leurs manifestations. Avant d'énoncer une courte définition de chacun, il nous apparaît important, pour leur compréhension, de préciser que le préfixe «dys» signifie difficulté, trouble. On débutera en redonnant la définition de la dyspraxie, pour ensuite la comparer à celle d'autres troubles débutant par le préfixe «dys».

Dyspraxie

- La dyspraxie est un trouble de la planification et de la coordination des mouvements nécessaires pour réaliser une action nouvelle, orientée vers un but précis.

- C'est un trouble du «comment faire».

- La dyspraxie n'est pas causée par une déficience motrice cérébrale (ou paralysie cérébrale), une déficience intellectuelle ou un trouble envahissant du développement.

Dysphasie

- La dysphasie est un trouble primaire du langage, touchant les sphères expressives et réceptives, ou les deux à la fois, et qui s'observe par des atteintes variables affectant le développement de plus d'une composante du langage. (OOAQ, 2005)

- C'est un trouble du «dire et comprendre ce qui est dit».

- La dysphasie n'est pas causée par une déficience intellectuelle ou auditive, un trouble psychologique, de l'autisme, une carence environnementale ou encore le bilinguisme.

Dyslexie

- La dyslexie se caractérise par une difficulté durable dans l'acquisition du langage écrit, qui affecte l'identification, le décodage et la production de mots écrits.

- C'est un trouble du « lire et écrire ».

- La dyslexie n'est pas causée par une déficience sensorielle, intellectuelle ou motrice, ni par des lésions cérébrales, ou une carence environnementale, éducative ou motivationnelle.

Dysorthographie

- La dysorthographie est un trouble d'apprentissage lié à des difficultés persistantes dans l'acquisition et la mémorisation de l'orthographe des mots.

- C'est un trouble du « savoir écrire correctement les mots ».

- La dysorthographie, bien que pouvant exister de façon isolée, est le plus souvent associée à la dyslexie.

Dyscalculie

- La dyscalculie est un trouble d'apprentissage où des difficultés apparaissent essentiellement dans le domaine des mathématiques et des nombres en général.

- C'est un trouble du « compter et calculer ».

- La dyscalculie n'est pas causée par une déficience intellectuelle ou sensorielle.

On voit bien que ces troubles ont chacun leur spécificité dans les atteintes qu'ils produisent. Toutefois, malgré leurs différences, ils ont plusieurs points en commun :

- Ce sont tous des troubles du développement, d'origine neurologique.

- Ces troubles sont marquants et permanents, c'est-à-dire qu'ils causent de grands retards et que les difficultés qu'ils entraînent persistent dans le temps.

- Ils ont tous de grandes répercussions sur la vie scolaire de l'enfant.

Les dysfonctions non verbales

On classe souvent les troubles développementaux en deux grandes catégories : les troubles du langage oral et écrit, et les troubles visuo-spatiaux ou dysfonctions non verbales. Ces dernières dysfonctions font référence à un ensemble de manifestations résultant d'un mauvais fonctionnement de l'hémisphère droit, auquel on associe généralement des habiletés dans la perception visuelle de l'espace, de la mémoire visuelle et de l'interprétation des émotions. Par opposition, l'hémisphère gauche est le siège du langage et des habiletés s'y rattachant.

Le diagnostic spécifique de **syndrome de dysfonction non verbale** (SDNV), également appelé syndrome de l'hémisphère droit ou de l'hémisphère mineur, repose principalement sur les caractéristiques suivantes : l'enfant présente une perturbation des habiletés du traitement des informations visuelles ou visuo-spatiales, des désordres dans ses comportements sociaux, une difficulté à interpréter les émotions et à utiliser de façon appropriée les aspects non verbaux de la communication (par exemple la gestuelle, les mimiques ou le regard), ainsi que des troubles d'attention et de mémoire visuelles. À ces caractéristiques principales s'ajoutent des difficultés motrices, plus marquées du côté gauche, des difficultés interpersonnelles et un manque de jugement social. Par ailleurs, notons que ces enfants présentent des compétences particulières, voire remarquables, en ce qui concerne l'étendue de leur vocabulaire, les habiletés de lecture, en particulier le décodage, et la facilité à retenir par cœur des informations. Malgré un développement tardif du langage, cet aspect devient peu à peu la force des enfants atteints du syndrome de dysfonction non verbale qui tendent, avec le temps, à surutiliser leurs capacités langagières dans la recherche d'informations, dans les apprentissages et les situations sociales, sans être toujours appropriés au contexte.

Même si le syndrome de dysfonction non verbale partage, en apparence, plusieurs points avec la dyspraxie, on peut distinguer ainsi les deux troubles :

- Dans la dyspraxie, la prédominance va aux problèmes de planification motrice, tandis que le Syndrome de dysfonction non verbale (SDNV) est nettement relié aux difficultés de communication non verbale et d'habiletés sociales.

- Dans le SDNV, les perturbations de la perception visuelle sont souvent plus apparentes dans le champ visuel gauche. De plus, on observe la plupart du temps une facilité en lecture, et les difficultés d'apprentissage surviennent surtout dans les mathématiques.

Que retenir ?

- Dans la dyspraxie, les troubles praxiques sont prédominants, mais ils peuvent être également présents, à un degré moindre, dans d'autres conditions neurologiques.

- Il faut distinguer la dyspraxie des autres troubles neurologiques ou des troubles spécifiques d'apprentissage, malgré des noms ou des tableaux qui se ressemblent.

CHAPITRE 3

DÉMARCHES À ENTREPRENDRE : COMMENT SE FAIRE AIDER ?

▼

Qui pose le diagnostic ?

Au Québec, le diagnostic de dyspraxie est posé par un médecin, souvent le neuropédiatre. Habituellement, c'est le médecin de famille ou le pédiatre qui est consulté en premier et qui recommande un patient en neuropédiatrie pour lui faire subir un examen neurologique détaillé et procéder à une évaluation des fonctions cognitives afin d'en arriver à un diagnostic précis. Malheureusement, il y a actuellement encore peu de pédiatres et de médecins de famille qui connaissent la dyspraxie et qui en dépistent les symptômes. Les parents doivent donc bien décrire leurs inquiétudes en s'appuyant sur des observations concrètes, concernant – par exemple – une maladresse motrice plus grande que les autres enfants du même âge, un désintérêt quasi complet pour les jeux de manipulation et de construction, de grandes difficultés ou un évitement devant les activités graphiques (dessin, coloriage, etc.), un retard dans l'acquisition des activités comportant une séquence d'actions, comme s'habiller, utiliser des ustensiles pour manger, pédaler sur un tricycle ou une bicyclette, découper, attraper un ballon, etc.

Le rôle de la réadaptation

Des évaluations en ergothérapie et en neuropsychologie servent souvent à confirmer le diagnostic posé par le médecin et à orienter la prise en charge en réadaptation.

L'évaluation en ergothérapie se déroule généralement en deux étapes et sert à documenter le fonctionnement de l'enfant dans plusieurs sphères de son développement. La première étape de l'évaluation consiste à préciser le degré de participation et d'autonomie de l'enfant pour les occupations de son âge, que ce soit à la maison, à l'école ou dans les loisirs. Pour recueillir ces renseignements, l'ergothérapeute procède par entrevue avec les parents et par observation de l'enfant dans une ou plusieurs situations. Par exemple, on fait une observation en classe pour évaluer l'écriture ou encore à domicile pour identifier les difficultés à l'habillage. On collecte d'autres observations auprès des enseignants et des divers intervenants en cause.

Par la suite, à l'aide de tests et de mises en situation, l'ergothérapeute procède à l'identification et à l'analyse des capacités et des incapacités de l'enfant dans chaque sphère de son développement. Ainsi, pour évaluer la coordination et la planification motrice, la dextérité manuelle, les habiletés graphiques ou la perception visuelle, l'ergothérapeute invite l'enfant à participer à des activités, comme lancer et attraper un ballon, imiter des postures inusitées, découper le long d'une ligne, écrire des lettres, apparier des images, etc. C'est en analysant chacune des composantes évaluées que l'ergothérapeute découvre les incapacités interférant avec le rendement de l'enfant, et oriente les actions à prendre et recommande – le cas échéant – l'enfant à des spécialistes d'autres disciplines.

Quant à l'évaluation en neuropsychologie, elle est très utile pour soutenir le diagnostic de dyspraxie, en mettant d'abord en évidence les forces et les faiblesses de l'enfant sur le plan intellectuel. Globalement, les résultats se retrouvent bien souvent dans la moyenne des enfants du même âge. Cependant, le tableau obtenu fait souvent ressortir un écart considérable entre les tâches verbales et les tâches visuo-motrices, les premières étant généralement mieux réussies. Le neuropsychologue évalue également, de façon plus spécifique, les fonctions comme l'attention et la concentration, la vigilance, la mémoire et le raisonnement, etc.

Enfin, cette évaluation peut aussi aider à déceler la présence de détresse psychologique chez l'enfant, à identifier des problèmes d'image et d'estime de soi, et à donner des pistes de solutions.

Le rôle du milieu scolaire

Bien souvent, ce n'est qu'à l'entrée à l'école que les premiers symptômes de la dyspraxie apparaissent. En effet, dès la maternelle l'enfant est susceptible d'éprouver des difficultés dans plusieurs domaines et d'une façon qui le démarque de ses compagnons de classe. Ainsi, l'enseignant remarque que l'enfant a des difficultés notables à s'adapter à la routine de la classe, à suivre des consignes complexes, à réaliser des dessins ou des jeux de construction, ou encore à s'habiller seul. En première année, les choses tendent à empirer, particulièrement dans l'apprentissage de l'écriture, dans la manipulation d'outils comme les ciseaux, la colle et la gomme à effacer, ainsi que dans l'organisation des tâches. Devant ces constatations, l'enseignant devrait, sans hésiter, demander qu'un psychologue scolaire évalue l'enfant, transmette ses doutes au médecin traitant et, au besoin, réfère l'enfant à un neuropédiatre.

Bien qu'actuellement le diagnostic de dyspraxie se fasse rarement avant l'entrée à l'école, il serait souhaitable qu'il soit posé de plus en plus tôt, afin de débuter le plus rapidement possible la réadaptation et de mettre en place les mesures d'adaptation appropriées. À cet égard, les éducateurs des milieux de garde ont un rôle à jouer dans le dépistage de la dyspraxie, tout comme les intervenants des programmes enfance-famille des CLSC, en reconnaissant la dyspraxie et ses manifestations, en identifiant des zones de difficultés particulières chez certains enfants et en encourageant les parents à transmettre toutes ces observations à leur médecin traitant.

Que retenir ?

- Plus tôt l'enfant est référé à un neuropédiatre, plus le diagnostic est précis. C'est ce qui permet d'entreprendre des actions sans attendre.

- Les parents, le milieu scolaire et tout autre intervenant en contact avec l'enfant peuvent, par leurs observations, contribuer grandement à établir un diagnostic précoce et, par le fait même, aider mieux l'enfant.

CHAPITRE 4

PORTRAIT D'UN ENFANT DYSPRAXIQUE

▼

La dyspraxie touchant plusieurs fonctions du cerveau, elle a des conséquences sur plusieurs aspects du développement : aspects sensoriel, moteur, perceptuel et organisationnel. Dans le chapitre qui suit, nous définirons les difficultés liées à chacune des sphères du développement et nous présenterons leurs effets dans la vie de l'enfant.

L'aspect sensoriel

Les fonctions sensorielles sont celles par lesquelles nos sens captent et interprètent l'information provenant autant de notre corps que de l'environnement. Chez l'enfant dyspraxique, la gestion de l'information sensorielle est altérée et, par le fait même, cause différents problèmes. Habituellement, on classe les désordres sensoriels en deux grandes catégories : le désordre d'intégration sensorielle et le désordre de modulation sensorielle.

Le désordre d'intégration sensorielle

Ce désordre est fréquemment associé à la dyspraxie chez l'enfant. Il se définit par une incapacité du cerveau à interpréter et à organiser efficacement les informations captées par les sens (J. Ayres, 1972.). L'enfant paraît incapable de se servir de ces renseignements pour orienter son action.

Le tableau clinique du désordre d'intégration sensorielle comporte les éléments suivants :

- Une difficulté à maintenir des contractions musculaires soutenues et efficaces, qu'on observe, entre autres, par une posture affaissée et une difficulté à exécuter aisément des mouvements allant contre la gravité.

- Une instabilité posturale, c'est-à-dire une incapacité à maintenir une posture stable et contrôlée et à bouger de façon harmonieuse vers un but précis. Cela se traduit par la présence de mouvements rigides, saccadés, maladroits ou imprécis, par une difficulté à bouger une partie du corps indépendamment d'une autre ou par des pertes d'équilibre pendant les activités de motricité globale. Le contrôle postural est à la base de la qualité des mouvements et d'une organisation motrice menant à des gestes coordonnés et précis. De là l'importance de développer une meilleure stabilité posturale chez l'enfant dyspraxique.

- Une pauvre discrimination tactile, qui réfère à une incapacité à identifier les qualités, la position ou la fréquence d'une stimulation reçue par le sens du toucher. Cela fait en sorte que l'enfant ne décode pas bien ce qu'il touche ou manipule avec ses mains. Par exemple, l'enfant ne peut dire où et combien de fois il a été touché, ou encore il ne peut, sans utiliser sa vision, identifier un objet usuel placé dans sa main.

La discrimination tactile est importante dans plusieurs aspects du développement de l'enfant. Elle lui permet une bonne exploration de l'objet et de l'environnement, car les indices amenés par le sens du toucher élargissent sa compréhension de ce qui l'entoure. Elle contribue également à enrichir sa conscience corporelle et, par le fait même, à influencer ses habiletés de planification motrice. Enfin, la discrimination tactile est en lien direct avec le développement de sa motricité fine et avec l'habileté à manipuler efficacement des objets dans la main. Par conséquent, l'enfant démontrant une pauvre discrimination tactile risque de présenter des problèmes dans plusieurs aspects de son développement.

- Un schéma corporel inadéquat. L'enfant a une perception incomplète de son corps en raison de la mauvaise intégration des informations sensorielles reçues. Comme nous l'avons vu au chapitre 1, le schéma corporel est à la base de l'organisation motrice et de la production d'actions en séquence. L'enfant a besoin de bien percevoir son corps pour bouger adéquatement. Les lacunes à cet effet se traduisent par une mauvaise utilisation des différentes parties du corps quand on lui demande d'exécuter des mouvements ou d'imiter des postures.

- Des difficultés d'éveil, de vigilance et d'attention. Ces difficultés ont des effets sur le comportement et sur la réalisation d'une tâche. Pour comprendre, il faut d'abord savoir que l'étape préalable à l'intégration sensorielle est l'enregistrement sensoriel et l'orientation vers la stimulation. Cette étape permet au cerveau d'être vigilant aux informations provenant de l'environnement et de porter attention seulement à celles qui sont utiles pour exécuter la tâche désirée. Par ce processus, nous programmons et produisons une réponse adaptée à la demande. Un mauvais fonctionnement de cette étape a inévitablement un effet sur la qualité du rendement dans différents types de tâches. Une lenteur excessive à initier la tâche, un rythme de travail discontinu, de la distraction ou de soudains changements d'humeur, voilà autant de signes qui font suspecter un déficit dans l'enregistrement sensoriel.

Le désordre de modulation sensorielle

Ce deuxième désordre s'explique par une incapacité du cerveau à régulariser les informations sensorielles; elles sont trop facilitées par le cerveau ou, à l'inverse, trop inhibées. En conséquence, certaines informations ont une influence trop grande par rapport aux autres sensations et deviennent envahissantes. Cela a pour effet d'abaisser le seuil de tolérance de l'enfant, pour qui la moindre stimulation est dérangeante ou désagréable. À l'inverse, les informations sensorielles peuvent être étouffées par le cerveau, ce qui engendre un seuil de tolérance plus élevé que la moyenne. Dès lors, l'enfant a besoin de stimulations intenses et nombreuses pour réagir.

Voici les principales manifestations de ce désordre:

- Des défenses tactiles, qui sont une réponse émotionnelle négative envers certaines stimulations amenées par le sens du toucher. Elles sont présentes dans plusieurs activités du quotidien. Par exemple, les parents rapportent que leur enfant n'aime pas se faire laver ou couper les cheveux, qu'il est réticent devant certaines textures d'aliments et de vêtements, qu'il évite de marcher pieds nus dans l'herbe ou le sable, etc. On remarque également qu'il résiste à se faire toucher ou guider physiquement, qu'il refuse de manipuler de la pâte à modeler ou encore qu'il ne prend de nouveaux objets que du bout des doigts.

- Une insécurité gravitationnelle, qui est une réaction psychologique d'inconfort quand l'enfant bouge et se déplace dans l'espace. Il craint tous les mouvements où les pieds ne sont pas en contact avec le sol et il y réagit avec anxiété. Pour échapper à ce sentiment, il tente de garder la maîtrise de ses déplacements. Les parents notent alors que l'enfant évite les modules de jeux, les balançoires et les glissoires, et qu'il tend à demeurer dans des endroits familiers, en présence de ses parents ou d'autres adultes rassurants.

- Une réaction d'aversion au mouvement. Il s'agit d'une réaction physiologique d'intolérance au mouvement dans l'espace et cela provoque des réactions comme la nausée, le vomissement, la surexcitation ou la crise de panique.

- Une aversion aux sons et aux odeurs, qui se caractérise par une intolérance envers la quantité ou l'intensité de certaines stimulations auditives ou olfactives. Cette intolérance crée chez l'enfant une variété de réactions comportementales (hyperactivité, anxiété, agressivité, retrait) ou de réactions physiques (nausées, vomissements, maux de tête).

Ces désordres sensoriels varient d'un enfant à l'autre, ainsi que dans le temps, chez un même enfant. Leur évolution se fait de différentes façons : certaines caractéristiques demeurent présentes tout au long de la vie, d'autres se transforment et d'autres encore s'atténuent avec le temps et en viennent à disparaître.

Notons enfin que le désordre de modulation sensorielle n'est pas propre à la dyspraxie. On le retrouve également dans d'autres troubles du développement, par exemple dans l'autisme.

L'aspect moteur

La motricité globale

La motricité globale réfère à des mouvements globaux du tronc et des membres, dans des activités comme ramper, marcher, courir, sauter, etc. On attribue surtout la maladresse des enfants dyspraxiques dans les jeux à dominante motrice aux composantes d'équilibre, de coordination, de vitesse d'exécution et de synchronisation d'actions.

Concrètement, l'enfant a de la difficulté à se tenir sur un pied sans bouger ou à marcher sur une poutre. Aux jeux de balle et de ballon, il manque de coordination et de force pour lancer, attraper ou frapper du pied, ou pour atteindre une cible. L'enfant manque d'harmonie et de synchronisme lorsque ses activités exigent la participation de plusieurs parties du corps. Enfin, la lenteur d'exécution caractérise les gestes de l'enfant dyspraxique et apparaît généralement dans tous les types d'activités motrices.

La motricité fine

Le développement de la motricité fine demande d'apprendre à tenir et à manipuler des objets avec les mains et les doigts. Maintes activités quotidiennes ou scolaires exigent de bonnes habiletés sur le plan moteur fin. Or, l'enfant dyspraxique y expérimente des difficultés majeures, ce qui engendre de grands obstacles dans l'acquisition de son autonomie, autant à la maison qu'en classe.

Cela risque de toucher tous les aspects de son développement moteur fin, dont la préhension et le relâchement, les manipulations, la coordination et l'utilisation simultanée des deux mains. Le premier aspect en cause est la préférence manuelle, c'est-à-dire la main spontanément privilégiée pour les activités qui nécessitent une seule main. On remarque que souvent, cette préférence s'établit plus tardivement chez l'enfant dyspraxique. Cela a pour effet de retarder le raffinement des habiletés manuelles et d'empêcher la spécialisation de chaque main dans des rôles distincts : une qui manipule et l'autre qui stabilise l'objet.

Ensuite, la préhension d'objets et d'outils manque souvent de raffinement et de précision chez l'enfant dyspraxique. On observe cela surtout quand l'enfant prend un crayon, de façon généralement instable et rigide. Cette prise inadéquate a des effets négatifs sur les activités graphiques, puisque ces dernières demandent une prise souple du crayon pour faire des gestes fins et dissociés des doigts. De cette inhabileté découle aussi une difficulté à manipuler aisément les objets dans la main, en utilisant adéquatement chacun des doigts. Le manque de dissociation des doigts contribue à la maladresse et à l'inefficacité des manipulations fines. Ces lacunes sont souvent visibles lors de tâches comme l'enfilage de perles, la manipulation de sous ou la préhension de plusieurs petits objets à la fois.

La dyspraxie entraîne aussi des problèmes de coordination des bras et des mains. La coordination œil-main, telle que requise dans les tâches graphiques et les tâches de découpage, est habituellement déficitaire; l'enfant a du mal à suivre un labyrinthe avec son crayon sans en dépasser les limites ou encore il ne peut découper une forme en suivant correctement son contour. De plus, dans les tâches qui font appel à une coordination simultanée ou alternée des deux mains, l'enfant ne peut exécuter adéquatement l'action de chaque main avec synchronisme et fluidité.

L'aspect perceptuel

La perception est la fonction par laquelle l'esprit, à partir des sensations, se représente un objet ou l'environnement. C'est l'action de recevoir, de saisir et d'interpréter l'information sensorielle, tout en lui donnant une signification. Selon le type de renseignements reçus, on parle de perception visuelle, auditive ou tactile.

Dans la dyspraxie, les problèmes concernent surtout la perception visuelle, définie comme étant la capacité à recevoir, à analyser et à interpréter des renseignements visuels en leur donnant un sens et en les comparant à ce qui est déjà en mémoire. Par ses différentes composantes, la perception visuelle permet, d'une part, d'extraire et d'organiser l'information visuelle de notre environnement, et, d'autre part, de comprendre ce que l'œil voit.

Sur ce plan aussi, l'enfant dyspraxique présente des lacunes, particulièrement en ce qui concerne la perception de l'espace.

En effet, on observe que l'enfant dyspraxique interprète mal le sens et l'orientation des objets dans l'espace, ainsi que les relations de ces objets entre eux. Tel objet est-il à l'endroit ou à l'envers ? Est-il en haut ou en bas de l'autre ? L'enfant l'ignore. Il ne s'agit pas tellement d'une méconnaissance des concepts d'espace, mais surtout d'une incapacité d'analyser la position de l'objet lui-même, celle de son corps et de la position de l'un par rapport à l'autre dans l'espace.

Pour cette raison, l'enfant dyspraxique a du mal à s'orienter, à distinguer la droite de la gauche, à bien interpréter les diagonales et à juger les distances. Ces difficultés ressortent de manière particulière dans diverses tâches : reconnaissance et appariement d'images selon leur position, construction de blocs ou reproduction de modèles, jeux où l'enfant doit suivre des consignes de direction, par exemple « tourne à droite, recule de deux pas », etc., et à se placer dans la bonne position pour imiter des gestes ou des postures.

D'autres effets apparaissent de façon marquante dans les tâches de reproduction graphique. D'abord, l'enfant dyspraxique est limité quand vient le temps d'analyser visuellement les caractéristiques d'un dessin à copier, c'est-à-dire à saisir les relations des parties de l'image entre elles et les proportions entre les divers éléments. Il en découle une représentation mentale inadéquate du modèle : l'enfant ne peut se faire une idée claire du dessin à reproduire. On constate également qu'il est limité dans sa capacité à traduire ce qu'il voit en gestes moteurs précis et coordonnés, afin de le reproduire sur papier. L'enfant n'arrive pas à planifier adéquatement la séquence de gestes qui le mènera à l'action appropriée. Ces deux ordres de limitations se répercutent de façon négative dans l'apprentissage des activités graphiques, comme le dessin et l'écriture, l'enfant réussissant habituellement beaucoup moins bien que la moyenne des enfants de son âge.

L'aspect organisationnel

L'aspect organisationnel fait référence au développement des praxies, à la capacité d'organisation dans différents types de situations (organisation de la vie quotidienne, du temps, de la tâche, de la pensée et du discours, et de l'environnement) et à l'élaboration de stratégies de résolution de problèmes. Comme nous l'avons vu au chapitre 1, ces aspects sont au centre de la dyspraxie et constituent donc des déficits majeurs pour les enfants qui en sont atteints.

Tout d'abord, rappelons que devant des tâches motrices complexes, l'enfant dyspraxique est incapable de planifier et d'organiser ses gestes de façon harmonieuse pour arriver au résultat escompté. On remarque que le comportement moteur de l'enfant est peu adapté au contexte, puisqu'il ne tient pas compte des contraintes de temps et d'espace inhérentes à l'environnement. De plus, l'enfant ne peut s'accommoder à un changement dans l'environnement et modifier son programme pour produire une action adaptée à la nouvelle situation. À ce moment, il a plutôt tendance à répéter la même action ou encore à arrêter complètement d'agir, se rendant compte de l'inefficacité de ses tentatives.

En général, on observe également un manque de méthode dans la façon d'aborder la tâche, l'enfant procédant de façon désorganisée. D'ailleurs, ce manque de méthode nuit à la résolution de problèmes, car il empêche de mémoriser et de reprendre efficacement les étapes à suivre. Comme l'enfant ne maîtrise pas la recherche et l'élaboration de stratégies, il semble dépourvu et incapable de se souvenir des moyens déjà utilisés. On constate également que l'enfant ne se sert pas spontanément de ses connaissances antérieures pour aborder une nouvelle tâche et qu'il fait peu de transferts d'une situation à l'autre. Pour lui, chaque situation apparaît comme étant un nouveau problème à résoudre. Enfin, on observe un manque de concentration et une fatigabilité mentale plus grande que chez les autres enfants du même âge, ce qui contribue d'autant plus à le mettre en situation d'échec.

Que retenir?

- Les conséquences de la dyspraxie se font sentir dans plusieurs aspects du développement de l'enfant.

- La connaissance des atteintes sensorielles, motrices, perceptuelles et organisationnelles permet de mieux comprendre les difficultés que vit l'enfant dans son quotidien.

CHAPITRE 5

CONSÉQUENCES DE LA DYSPRAXIE SUR LES HABITUDES DE VIE : LE DÉFI DU QUOTIDIEN

▼

L'enfant dyspraxique, de par la nature de son trouble, se retrouve avec une incapacité dans le domaine du « comment faire ». Devant chaque nouvelle activité, il se demande quels sont les moyens de la réaliser, et il n'arrive pas à une réponse aussi claire que les autres enfants, ni aussi rapidement qu'eux.

L'enfance se caractérise par la diversité des apprentissages qu'amène la vie quotidienne et qui, tous, nécessitent un « comment faire ». Cela fait apparaître, chez l'enfant atteint de dyspraxie, des retards appréciables dans l'acquisition de l'autonomie de base, par exemple lors de l'habillage ou de l'alimentation, ainsi que dans le développement du jeu.

Les deux principales caractéristiques du rendement d'un enfant dyspraxique en activité sont la maladresse motrice et la lenteur d'exécution. Il ne parvient donc pas à réaliser les activités propres à son âge au même rythme, de la même façon et au même moment que les autres. Pour lui, les activités de tous les jours constituent des défis considérables et souvent même impossibles à réaliser sans l'accompagnement d'un adulte.

Outre les effets immédiats de la dyspraxie sur l'acquisition de son autonomie dans ses diverses habitudes de vie, de multiples effets se font sentir sur le plan affectif. L'enfant voit les autres et se compare. Il perçoit les attentes de ses parents et tente d'y répondre. Il veut être capable, mais n'y arrive jamais tout à fait. Cela nuit à son sentiment de compétence personnelle et à son besoin de maîtriser son environnement, et cela l'empêche de se bâtir graduellement une solide estime de soi.

Synonyme de nouveautés ainsi que d'occasions d'apprendre et de consolider des acquis, l'enfance, pour l'enfant dyspraxique, se transforme en une période de souci constant pour savoir comment faire et en une incessante reprise de gestes, qui semblent toujours – malgré tant d'efforts – échapper un peu à son contrôle.

L'enfant d'âge préscolaire

Dès la petite enfance, l'enfant dyspraxique rencontre des obstacles dans les actions les plus simples et pourtant essentielles à son bien-être et à son développement. Que ce soit pour utiliser des ustensiles, attacher des boutons, acquérir la propreté ou apprendre par le jeu, toute activité qui comporte une séquence d'actions et qui demande la coordination de plusieurs parties du corps représente un défi pour l'enfant dyspraxique. Pour contrer cette difficulté, il faut lui enseigner chaque activité de façon particulière et la répéter maintes fois avant d'en arriver à une réalisation acceptable et fonctionnelle. Par conséquent, l'autonomie est plus lente et parfois laborieuse à acquérir.

C'est habituellement par le jeu que l'enfant découvre le monde et apprivoise graduellement la réalité. En jouant, l'enfant expérimente des sentiments de plaisir et de maîtrise, il découvre le monde qui l'entoure, il crée et il s'exprime (F. Ferland, 1994). Pour l'enfant dyspraxique toutefois, rien n'est si simple puisqu'il ne semble pas savoir comment jouer. Déjà, dans les premières étapes du jeu, basées sur l'exploration et l'expérimentation, on observe qu'il explore peu son environnement et manipule moins les objets. Sa compréhension des liens entre ses actions et l'environnement s'en trouve affectée. En outre, il accède plus lentement au jeu constructif, puisqu'il a de la difficulté à élaborer, à commencer et à réaliser de façon organisée toutes les étapes d'une activité. Parce qu'il se sent souvent incompétent, l'enfant préfère demeurer observateur du jeu des autres plutôt que d'en être l'acteur principal. On constate également que lorsqu'il a enfin appris et maîtrisé un jeu, il a tendance à le refaire, de façon répétitive et même rigide pour accroître son sentiment de compétence et de confiance en lui-même. Cela se fait au détriment des échanges sociaux requis dans le jeu de groupe, du partage du matériel et de l'acquisition du tour de rôle.

Voici les premières observations que les parents peuvent relever chez leur enfant, au quotidien. Précisons cependant qu'un enfant dyspraxique ne présente pas obligatoirement toutes ces caractéristiques.

Nutrition

- Tient mal ou échappe souvent ses ustensiles ; préfère utiliser ses doigts pour s'alimenter.
- Renverse fréquemment ce qu'il boit ou échappe sa nourriture.
- Mâche la bouche ouverte.
- Présente des troubles d'alimentation : intolérance pour certaines textures, difficultés de mastication.

Habillage

- Localise mal la manche d'un chandail ou la jambe d'un pantalon.
- Confond l'avant et l'arrière des vêtements.
- Enfile difficilement chaussettes et chaussures.
- Met les vêtements dans le mauvais ordre.
- Réclame longtemps l'aide de l'adulte.

Soins personnels

- Acquiert difficilement la propreté : l'entraînement est long et ardu, l'enfant oublie des étapes et est maladroit pour s'essuyer.

- Est maladroit au brossage de dents ou ne le tolère pas.

- Ne sait pas comment se moucher.

Sommeil/niveau d'activité

- Présente des difficultés de sommeil : la routine du coucher est lente à établir, besoin d'être rassuré par l'adulte, a de la difficulté à s'endormir.

- Démontre de l'irritabilité, étant nourrisson, ou une difficulté à se calmer.

Comportement ludique

- Prend peu les objets pour les manipuler, les découvrir et comprendre leur fonctionnement : délaisse les objets après quelques manipulations.

- Évite les jeux de construction.

- Tend à s'isoler ou à observer les compagnons plutôt que de jouer avec eux.

- Répète souvent les mêmes jeux.

- A tendance à s'approprier les jouets qu'il aime et refuse souvent de les partager.

L'enfant d'âge scolaire

Avec l'entrée à l'école, les problèmes déjà identifiés par les parents deviennent plus apparents et d'autres viennent s'y ajouter. À cette période, les exigences d'autonomie augmentent. Les adultes, parents et enseignants, ont des attentes plus élevées.

En général, les parents et l'entourage immédiat de l'enfant âgé de 5 à 12 ans rapportent des incapacités dans certains domaines spécifiques : activités de la vie quotidienne, tâches domestiques, intégration scolaire et participation à des loisirs. Les effets de la dyspraxie apparaissent également dans le comportement de l'enfant et dans ses relations avec ses compagnons.

À la maison, au moment où le parent s'attend à ce que son enfant devienne plus indépendant, celui-ci démontre plutôt un besoin persistant de se faire aider. Par exemple, si l'enfant est dorénavant capable d'enfiler son chandail et son pantalon, il continue à demander de l'aide pour attacher ses souliers. Comme chaque activité quotidienne se complexifie, tant par le nombre d'étapes que par les habiletés requises, l'enfant demeure très souvent confronté à l'échec.

Le manque d'autonomie est encore plus important dans les activités domestiques et la prise de responsabilités. Par exemple, le parent s'attend à ce que l'enfant devienne capable de faire son lit et de ranger sa chambre. Pourtant, l'ampleur des exigences motrices et organisationnelles liées à ces activités représente bien souvent un défi trop élevé pour l'enfant dyspraxique. L'énergie et le temps requis étant considérables, il devient irréaliste d'avoir des attentes en fonction de l'âge sans créer un fardeau trop lourd pour l'enfant et pour ses parents.

L'intégration sociale prend une grande place dans la vie des enfants âgés de 5 à 12 ans. C'est le temps de l'intégration scolaire et de diverses activités de loisirs avec les compagnons. À l'école, les incapacités de l'enfant dyspraxique se manifestent de plusieurs façons, allant des difficultés à l'écriture à la pauvre organisation du pupitre ou encore à la maladresse vécue au cours d'éducation physique. En raison de la variété des habiletés sollicitées dans une journée en classe, l'enfant est constamment mis au défi, non seulement dans les périodes d'apprentissage scolaire, mais aussi durant la récréation ou à l'heure du repas de midi, qui sont généralement des moments de détente pour la plupart des enfants.

À cet âge, les loisirs ou les activités spéciales à l'école sont constitués en grande partie par des activités sportives, souvent en groupe. En raison des incapacités motrices de l'enfant dyspraxique, sa participation à ces activités peut devenir source d'échecs, de frustrations et d'isolement, ce qui le prive d'une occasion de plaisir au même titre que les autres enfants de son âge.

Enfin, on observe fréquemment des répercussions de la dyspraxie sur les relations interpersonnelles et sur le comportement de l'enfant. Cela teinte son développement et conditionne sa manière d'agir avec son entourage.

Les observations suivantes caractérisent le rendement d'un enfant d'âge scolaire et s'ajoutent à celles qui sont déjà décrites au stade de 0 à 5 ans.

Activités de la vie quotidienne et domestique

Nutrition
- Utilise peu le couteau pour couper ou tartiner.
- Fait des dégâts en versant les liquides.
- Ne parvient pas à ouvrir les contenants, les aliments préemballés, la boîte à goûter.
- Se tache avec la nourriture, sans le vouloir.
- Ne met pas les couverts aux bonnes places en mettant la table.

Habillage
- Ne maîtrise pas les attaches : nœuds, boucles, fermoirs ou boutons.
- S'habille plus lentement que les autres enfants.

Soins personnels

- Oublie ou inverse les étapes pour le soin des cheveux.
- A de la difficulté à utiliser la douche : maladresse pour manipuler les robinets, mauvais réglage de la température, présence de craintes ou d'insécurité.

Rangement

- Ne range pas ses effets personnels.
- Perd ou ne trouve plus ce qui lui appartient.

Apprentissages et activités scolaires

- Prend de façon inefficace les crayons et autres outils scolaires (ciseaux, taille-crayon ou bâton de colle).
- Éprouve de la difficulté à former les lettres à l'écriture.
- Exécute en désordre les étapes d'une tâche.
- Ne fait pas une bonne utilisation de l'espace de la feuille dans les travaux écrits.
- Ne finit pas son travail dans le temps demandé.
- Rencontre fréquemment des échecs en écriture, en lecture ou en mathématiques.
- Démontre un manque d'habiletés motrices en éducation physique, en arts plastiques et dans la cour de récréation.

Loisirs

- Participe peu à des activités de loisirs.
- Évite les activités sportives de groupe ou de compétition.
- Suit difficilement les règles du jeu.
- Se fait ignorer ou rejeter par les compagnons dans les jeux d'équipe.

- Réussit mieux en individuel, avec un enseignant.
- Manifeste peu d'intérêt pour les activités manuelles ou artistiques.

Relations interpersonnelles

- A peu d'amis, vit de l'isolement.
- Entre maladroitement en relation avec les autres, ne respecte pas les règles sociales.
- Réfère souvent à l'adulte.
- Présente des difficultés de langage, comme un manque d'organisation du discours ou une difficulté à comprendre des consignes complexes.

Comportement

- A souvent une pauvre estime de lui-même.
- Vit de l'insécurité et de l'anxiété devant la nouveauté.
- Se désorganise facilement et fréquemment.
- Exprime parfois des réactions émotionnelles exagérées (pleurs, cris, colère).
- Peut nier ses incapacités ou encore les amplifier.
- Ressent un besoin de contrôle ou essaie de manipuler.

Que retenir ?

- La dyspraxie entraîne des difficultés dans le « comment faire » qui se répercutent dans l'ensemble des activités quotidiennes de l'enfant.
- L'enfant dyspraxique a longtemps besoin de l'aide de l'adulte dans la vie quotidienne.
- Le manque d'autonomie risque d'apparaître dans tous les milieux de vie l'enfant : maison, école, loisirs.

Pour en savoir plus

CHU S. *Children with Developmental Dyspraxia : Information for parents and teachers*. Hitchin, Herts (UK) : Dyspraxia Foundation, 1995.

LÉGER F., N. MONFETTE et E. PANNETIER. *La dyspraxie : pour mieux comprendre ces enfants qui ne savent pas quoi faire du monde dans lequel ils vivent.* [Feuillet d'information] Centre de réadaptation Estrie Sherbrooke, 2005. 7 p.

MISSIUNA C. *Les enfants présentant un trouble de l'acquisition de la coordination : stratégies pour mieux réussir à la maison et en classe.* Hamilton, Ont. : CanChild - Center for Childhood Disability Research, 2003. Version PDF sur Internet à l'adresse suivante : www.canchild.ca/portals/0/reports/pdf/French_DCD_Booklet.pdf

PORTWOOD M. *Developmental Dyspraxia - Identification and Intervention : A manual for parents and professionals.* 2e. éd. London : David Fulton Publ., 1999. 212 p.

CHAPITRE 6

LE RÔLE DES PARENTS D'UN ENFANT DYSPRAXIQUE

▼

Les réactions des parents au diagnostic

Le deuil de l'enfant parfait

Selon une étude faite en 1998 par *The Dyspraxia Foundation*, il semblerait que la majorité des parents comprennent que leur enfant présente des difficultés de coordination vers l'âge de 3 ans, alors que l'âge moyen de l'enfant lors du diagnostic de dyspraxie est de 6,5 ans. Malheureusement, ce laps de temps entre les premières observations des difficultés et l'arrivée du diagnostic nuit beaucoup à l'enfant. En fait, le diagnostic précoce permet une rééducation préscolaire essentielle pour l'avenir de l'enfant.

Par ailleurs, les intervenants de la petite enfance travaillant auprès de l'enfant d'âge préscolaire ont aussi un rôle à jouer, relativement au cheminement de la famille, qui doit consulter tôt ou tard. Par leurs observations, ces intervenants peuvent aiguiller les parents devant les difficultés de l'enfant. À cet égard, toutes les personnes gravitant autour d'un jeune enfant présentant des difficultés motrices et de coordination peuvent contribuer au dépistage précoce de la dyspraxie. En somme, les parents ne doivent pas s'attendre à ce que le temps arrange les choses et ils doivent faire appel à des spécialistes dès qu'ils sentent que quelque chose ne va pas.

Compte tenu du fait que les parents ont vécu quelques années avec l'illusion d'avoir un enfant normal, l'étape du diagnostic s'avère une période très douloureuse. Une fois ce diagnostic posé, la famille entre dans une période de deuil. La durée et l'intensité de ce processus varient d'une personne à l'autre. Certains parents disent que cette démarche est impossible à réaliser, mais qu'il est indispensable de la dépasser. À l'annonce de cette réalité, une foule d'émotions se succèdent : stupeur, peur, déni, incrédulité, tristesse, souffrance, colère, révolte, recherche des responsabilités, culpabilité, etc. Il n'est pas rare de voir surgir un sentiment de colère envers les intervenants qui ont posé le diagnostic. Colère et culpabilité traduisent l'ambivalence du parent, pris entre le sentiment d'être en cause et celui d'être injustement éprouvé.

Ce processus de deuil mène doucement à une réorganisation de la vie familiale et, conséquemment, à un meilleur équilibre de sa dynamique. Cependant, cette démarche n'est jamais achevée, car le développement de l'enfant ouvre et ferme sans cesse des perspectives. Plusieurs éléments déterminants, dans l'attitude de l'entourage et des professionnels, contribuent à faire accepter la situation : qualité des réactions et de l'écoute, approche des autres, regard positif, reconnaissance de la souffrance, etc.

Bien des parents démontrent ensuite un désir de s'engager dans la réadaptation de leur enfant. Toutefois, les désordres d'émotions peuvent réapparaître quand de nouvelles expériences difficiles surviennent, notamment lors d'une transition scolaire de l'enfant ou lors d'un constat de son manque d'autonomie dans certaines tâches. En revanche, la famille devient souvent de plus en plus solide, relativement au handicap de l'enfant, et réussit au fil du temps à traverser les difficultés en étant de plus en plus positive et outillée.

Par ailleurs, le fait de savoir avec certitude que l'enfant est atteint de dyspraxie constitue souvent un soulagement pour la famille, qui se démène pour élever un enfant ayant un cheminement difficile. De ce point de vue, les parents pensent souvent être de mauvais parents quand ils voient échouer tout ce qu'ils tentent pour améliorer l'évolution de l'enfant. En sachant que le cerveau de l'enfant a été affecté et que cela se situe hors de leur contrôle, les parents peuvent enfin se rendre compte que l'enfant a un handicap et que ce n'est pas leur style parental qui a causé le comportement difficile. D'autre part, pour les parents qui ne vivent pas de culpabilité, le diagnostic s'accompagne parfois d'une période post-deuil d'ouverture qui leur permet d'apprendre des façons nouvelles et différentes d'élever leur enfant.

La nécessité de s'informer

Avec le temps arrivent le sens des mots et le poids de leur signification. Alors, on ressent le besoin de tout savoir et de ne rien entendre, le besoin d'avoir du temps et la peur d'en perdre, le besoin d'être informé et la peur d'interroger, le besoin de vérité et la peur de la certitude.

Pour tout dire, il est important que la famille reçoive de façon très graduelle les renseignements sur ce que signifie la dyspraxie et les effets de ce handicap dans la vie quotidienne. En effet, chaque membre de la famille doit comprendre de façon évolutive ce que la dyspraxie met en cause dans le quotidien de l'enfant qui en est atteint. Les gens se rendent compte peu à peu que l'enfant apprend de façon différente et ils peuvent ainsi découvrir des stratégies pour lui enseigner ce que les autres enfants apprennent tout naturellement.

Il y a beaucoup à savoir sur la dyspraxie et ces connaissances dépassent souvent une famille qui commence à peine à comprendre les besoins spécifiques de l'enfant. La famille pense souvent qu'il y a trop à faire. On se sent dépassés, justement parce que, pour fonctionner, un enfant atteint de dyspraxie a besoin de structure, d'une routine constante et de la restructuration de son milieu familial et scolaire. En somme, il faut un certain temps avant d'intégrer des façons nouvelles et différentes d'exercer son rôle parental ou fraternel.

Malheureusement, la dyspraxie est encore trop souvent méconnue et le parent doit démontrer beaucoup de persévérance pour trouver de l'information, à divers niveaux. Il doit, de lui-même, s'informer auprès du neuropédiatre, de l'ergothérapeute et auprès d'autres parents vivant les mêmes difficultés. Idéalement, un partenariat doit se développer entre les parents et les intervenants qui travaillent à la réadaptation. Pour en savoir davantage et se permettre de mieux comprendre, on peut lire, assister à des conférences, faire des recherches sur Internet et adhérer à une association qui défend les droits des enfants dyspraxiques. D'autre part, c'est par essais et erreurs que l'on met en pratique ses nouvelles connaissances. Tout comme pour l'enfant normal, les méthodes qui fonctionnent pour certains enfants dyspraxiques ne sont pas nécessairement universelles. Il n'y a pas de méthode infaillible pour être un parfait parent d'enfant dyspraxique.

La famille, ambassadrice de l'enfant dyspraxique

Que ce soit auprès de la famille élargie (grands-parents, oncles, tantes), des amis de la famille ou des intervenants scolaires, la famille joue le rôle d'« ambassadeur » de l'enfant. Il faut beaucoup de détermination et de patience pour faire connaître ce handicap à l'entourage de l'enfant. Par ailleurs, compte tenu du côté invisible de la dyspraxie, les sceptiques – qui sont nombreux – vont souvent jusqu'à accuser les parents d'avoir une attitude négative et problématique à l'égard de leur propre enfant. Ainsi donc, courage et persévérance sont les mots d'ordre.

Si la famille retire son soutien à l'enfant, celui-ci se retrouve devant un mur d'incompréhension. Les enfants dyspraxiques ont besoin de ce soutien comme d'autres enfants handicapés ont besoin de fauteuils roulants, de chiens qui guident les aveugles ou de livres écrits en braille. Autrement dit, les enfants dyspraxiques ont un besoin constant de certaines mesures de soutien et les parents sont les personnes les mieux placées pour éduquer leur entourage à cet effet. Par extension, le rôle du parent consiste à être parfaitement informé afin d'informer adéquatement à son tour. Il est inutile de perdre son temps à se révolter contre une société mal informée, il est plutôt impératif d'informer cette société.

Soutenir l'enfant dyspraxique

Le drame du handicap invisible

Les enfants atteints de dyspraxie semblent généralement «normaux». Ils ont l'air de bien fonctionner, mais en sont souvent incapables de façon parfaitement autonome. Ils possèdent souvent de bonnes habiletés de langage, certains parlent même beaucoup et ont un bon vocabulaire. Tout de même, dans la généralité des cas, ils sont incapables de bien exprimer leurs pensées et leurs émotions. Pour ces raisons, il survient d'énormes malentendus. En fait, l'invisibilité de ce handicap provoque beaucoup de méprises.

Les enfants dyspraxiques doivent constamment avoir une famille pour les introduire dans la société et à l'école. De cette invisibilité du handicap naît la difficulté pour les parents à le faire reconnaître.

Dès que possible, l'enfant peut lui-même expliquer son handicap aux gens qui l'entourent. Les parents peuvent intégrer chez lui les notions d'acceptation et de démystification, pour lui permettre de s'exprimer à l'égard de cette atteinte. En donnant à l'enfant les mots pour qu'il puisse dire et décrire son handicap sans crainte ni honte, on facilite la réceptivité de l'entourage.

Travailler dans la différence par la différence

Comme parents et intervenants, il est capital de comprendre que même si un diagnostic de dyspraxie a été posé pour un enfant, cela n'explique pas tout ce qu'il vit. De la même manière que les autres, l'enfant dyspraxique passe par différentes étapes de développement, même si, dans son cas, cela se fait souvent à un âge différent. L'enfant dyspraxique, tout comme les autres, a des préférences personnelles et une personnalité qui lui est propre. Tous les enfants sont différents et il en va de même pour les enfants dyspraxiques. Les stratégies adoptées par une famille doivent tenir compte de ces différences.

À mesure que l'enfant grandit, il est en mesure de réagir aux solutions proposées et mises en place. Ce qui compte, pour savoir si une stratégie ou une suggestion est utile, c'est le fait qu'elle aide à mieux fonctionner et qu'elle s'intègre aussi bien à la maison qu'à l'école. Il est idéal de faire des choix de stratégies rapides et pratiques qui s'appliquent partout. Par ailleurs, comme parent stimulant, on évitera de sombrer dans la facilité. Ainsi, lorsque l'enfant grandit, il est inadéquat d'en rester à des méthodes trop enfantines. Les défis doivent s'adapter à l'âge de l'enfant. On peut décider d'utiliser la différence qu'est la dyspraxie pour devenir un éducateur différent. Le parent a intérêt à être inventif pour se rapprocher le plus possible des normes qui ont cours habituellement à l'âge de l'enfant.

Utiliser les forces de l'enfant

L'intelligence s'exprime de multiples façons; bien des théoriciens s'entendent pour le dire. Tout comme les autres, l'enfant dyspraxique possède assurément plusieurs formes d'intelligence. On peut donc l'encourager à développer et à utiliser ces intelligences. Dans un premier temps, on les reconnaît et ensuite on les exploite.

Il est possible d'utiliser les atouts de l'enfant en sachant que la plupart de ces jeunes ont de grandes forces intrapersonnelles, car ils passent beaucoup de temps seuls à faire des activités individuelles et ils aiment bien planifier et fixer leurs propres objectifs. D'ailleurs, ils sont en mesure d'utiliser leurs habiletés linguistiques pour s'exprimer. Très souvent, ces jeunes ont une bonne capacité d'observation. Habituellement, ils possèdent un grand intérêt pour la nature, ce qui les amène à vivre sereinement, car ils n'y rencontrent pas de contraintes liées à leur dyspraxie. Leur capacité à tolérer et même à apprécier la répétition d'activités connues et maîtrisées favorise leur satisfaction là où bien d'autres deviendraient blasés.

En définitive, ces jeunes devraient comprendre ce qui les passionne et ensuite « suivre leur cœur », car la plupart des gens sont heureux et ont du succès lorsqu'ils font ce qu'ils aiment.

Développer des attitudes positives

Comme tous les enfants, l'enfant dyspraxique doit vivre des succès. Le parent peut donc trouver les moyens d'adapter les apprentissages sociaux et pédagogiques pour que l'enfant « devienne gagnant ». La famille peut également aider l'enfant à vivre des expériences positives en favorisant la mise en place d'outils adaptés à ses besoins.

Compte tenu des difficultés d'organisation et, conséquemment, des épisodes de frustration, il est nécessaire d'établir une routine stable, à la maison comme à l'école. Celle-ci permet à l'enfant de se sentir en sécurité. Il est également essentiel d'avoir avec l'enfant une réflexion évolutive quant à son adaptation scolaire. Il est important de prioriser son bonheur plutôt que sa réussite à l'école. Parfois, il est nécessaire de lui offrir un soutien en classe spécialisée plutôt que de lui laisser vivre maints échecs en classe régulière. Plusieurs parents vivent dans l'angoisse permanente de la réussite à l'école, puisque c'est le tremplin de l'avenir et, bien sûr, de l'épanouissement personnel. Rappelons que certaines personnes réussissent grâce à des diplômes, d'autres par un talent précis et d'autres par ce qu'on pourrait appeler le destin ou le hasard. Les parents de l'enfant dyspraxique ont intérêt à dédramatiser la piètre réussite scolaire de leur enfant et à miser plutôt sur le développement d'un talent distinctif, d'un intérêt particulier et d'une culture générale.

Donner du concret pour favoriser la réussite

Ce qui semble évident pour la majorité des enfants ne l'est pas pour les enfants dyspraxiques. Puisque ceux-ci ont tendance à démontrer beaucoup de frustrations devant l'échec, l'opposition et le désaccord, il faut éviter ce qui est évitable en démystifiant et en expliquant. L'école étant la plus grande source de frustrations pour ces enfants, il est très utile de leur dire pourquoi on les envoie à l'école, malgré toutes leurs difficultés, et cela, sans vouloir à tout prix qu'ils sachent ce qu'ils vont faire plus tard. Il est souhaitable de toujours lier les exigences scolaires avec un «futur» personnel ou professionnel. Pourquoi apprendre l'anglais si tôt? Pourquoi appliquer les règles d'orthographe? Les mathématiques serviront pour...

Auprès des enfants qui ne «performent» pas, on fait rarement ce lien entre la réalité et l'école; celle-ci ne semble exister que dans le but de les contraindre. À leurs yeux, elle n'apporte rien, ni pour le présent et encore moins pour l'avenir. Il vaut mieux dire «tu es à l'école pour...» que «il faut aller à l'école».

Pour un enfant en difficulté, apprendre doit non seulement être synonyme de plaisir dans le domaine des matières favorites, qui sont plus faciles, mais cela doit aussi et surtout inclure la raison, l'acceptation et la motivation du déplaisir. Par ailleurs, le rôle du parent d'un enfant dyspraxique consiste à analyser toute source de frustration, afin d'abaisser la pression sociale qui existe quant à la «réussite». On gagne davantage à miser sur les valeurs traditionnelles, qui se trouvent le plus souvent mises à l'écart. Il est bon de faire passer au dernier rang le succès et le statut social. C'est plutôt le plaisir, le bonheur et l'accomplissement personnel qui doivent prendre toute la place et devenir le but ultime.

L'enfant dyspraxique gagne énormément à acquérir des connaissances parallèles à l'instruction scolaire. Ainsi, il peut voyager, aller au théâtre, au cinéma, au musée, à la colonie de vacances. Il gagne aussi à développer son esprit critique : faire la différence entre ce qui est bon et mauvais, entre ce qui est vrai et faux, entre ce qui est juste et injuste, entre ce qui est honnête et malhonnête. Afin de prendre la bonne décision au moment opportun, il aura développé un jugement critique. Le parent est un guide, quant à son raisonnement, encore plus qu'avec un enfant « normal ». Bref, ce petit être différent est plus fragile et influençable que les autres. Il est donc important de l'aider à acquérir de nouvelles compétences, dans les limites de sa réalité.

Stimuler sans saturer

Un autre grand défi, pour la famille de l'enfant dyspraxique, consiste à savoir stimuler sans saturer, ce qui peut provoquer le rejet ou le retrait. Les parents à l'écoute de leur enfant reconnaissent parfois les signes d'épuisement et de dépassement. Étant donné que pour l'enfant dyspraxique toute nouvelle expérience génère du stress, il faut comprendre son désir de s'exclure ou de se retirer. Il est bon de lui suggérer des activités, car il a tendance à choisir la « paresse » pour éviter de vivre l'échec. Par contre, il faut aussi éviter le piège de la pitié. Il n'est pas souhaitable de laisser l'enfant vivre tranquillement son quotidien en s'isolant.

On suggère plutôt d'user de stratégies pour obtenir son accord et sa volonté de participer à des activités sociales ou familiales. L'enfant se sent bien encadré quand on lui soumet des choix et qu'on lui demande de faire une sélection pour déterminer sa préférence. Par exemple, il peut s'orienter dans ses préférences si on lui demande de choisir entre *aller au cinéma*, *patiner* ou bien *aller voir une exposition*. La prochaine fois, il faudra varier. On établit un accord lui permettant de s'engager à respecter ces conditions, et on respecte l'entente. Il est impératif que l'enfant participe à l'élaboration de cette entente pour qu'il ne pense pas qu'on lui impose toutes les règles du jeu. Il doit aussi tolérer qu'à leur tour, les autres membres de la famille décident d'une activité. En cas de litige, on peut piger au sort pour déterminer qui aura le premier choix. Il est idéal d'être organisé en tout temps et d'user de stratégie afin d'éviter que des frustrations inutiles ternissent les activités.

Les conditions doivent être intéressantes et réalistes pour l'enfant dyspraxique. Par ailleurs, il est préférable de choisir des activités non compétitives afin que la tension ne s'installe pas au sein de la famille. Si l'on décide d'aller skier, il vaut mieux qu'un parent se consacre exclusivement à l'enfant dyspraxique. Pour réussir cette activité, on doit choisir un niveau de ski adapté aux capacités de l'enfant et observer ce dernier de façon soutenue pour déceler sa fatigue. Dans l'intention d'en faire une activité familiale, on se rejoindra pour la collation ou pour quelques dernières descentes. Les activités doivent absolument être intéressantes pour l'enfant dyspraxique, mais on évitera d'hypothéquer la vie des autres membres de la famille afin de prévenir l'abandon du lien familial entre les enfants de compétences différentes. En fin de compte, la famille s'engage, auprès de l'enfant qui accepte une activité, à l'écouter afin qu'il trouve le désir de persévérer en avalant les bouchées une à la fois. En définitive, on procède à la négociation, à la rectification et à l'engagement pour s'assurer la réussite des cours ou des activités qu'on suggère à l'enfant dyspraxique.

Dans le même ordre d'idées, il faut éviter les pièges de l'hyperstimulation. Certains parents veulent « réparer » leur enfant en lui offrant trop d'activités parascolaires ou trop de thérapies de rééducation à la fois. Sans compter que la diversité est souvent trop grande. L'établissement de priorités et le fait de relier des objectifs aux activités facilitent les choix. D'autre part, la volonté de corriger le tir devient parfois obsessionnelle. De là l'importance de consulter le neuropédiatre et l'ergothérapeute afin de cibler les besoins prioritaires. Pour tout dire, l'enfant ne peut fréquenter l'école à temps plein, se présenter à ses rencontres d'ergothérapie, de physiothérapie et d'orthophonie, en plus de ses cours de piano et de ses cours de ski, tout cela dans une même semaine ! Il faut toujours garder en perspective que l'enfant gagne à être heureux et à mener une vie normale.

Compte tenu de ce qui précède, il faut avoir confiance en la vie et ne pas brusquer les choses. Bien des acquis se mettent en place d'eux-mêmes, le temps venu.

L'enfant dans la famille

Développer sa propre identité

Pour l'enfant dyspraxique, le noyau familial est ce qu'il y a de plus précieux. Sa maison est habituellement l'endroit où il se sent le plus en sécurité. Sa famille est une grande source de réconfort, puisque ce n'est qu'avec eux qu'il est parfaitement à l'aise, volubile et plein d'assurance. Il ne se sent pas différent et jugé, à condition bien sûr que l'on respecte certaines règles de vie. À mesure que l'enfant dyspraxique grandit, il devient important qu'il se distingue des autres enfants de la famille. Il doit développer une identité propre, malgré sa volonté de marcher sur les traces de ses frères et sœurs. Souvent, le plus jeune enfant de la famille développe des habiletés avant même que l'aîné dyspraxique y arrive. Pour ce dernier, cette situation entraîne de

la frustration et une perte d'estime de soi. Il devient alors important de permettre à l'enfant dyspraxique de se choisir une «spé-
cialité» dans la famille. La maîtrise d'une compétence particulière,
dont il est le seul responsable au sein de la famille, donne à tous
une raison d'applaudir son excellent travail. On lui réserve alors
cette activité, afin qu'il n'y ait aucune concurrence possible avec
les autres.

On peut prendre pour exemple le fait de faire les desserts ou
d'arroser et de fertiliser les fleurs du jardin, etc. La tâche choisie
l'est par intérêt. L'imposition de besognes qu'il n'aime pas n'apporte aucun bienfait. La tâche choisie par l'enfant est intéres-
sante et essentielle aux yeux de tous les membres de la famille.
Ce même principe s'applique aux loisirs. L'enfant dyspraxique
choisira un sport ou un loisir qu'aucun autre enfant de la famille
ne pratique. Cela afin de n'être comparable à personne quant à
sa performance.

Appliquer des règles familiales adaptées

En ce qui concerne les commentaires personnels négatifs, on
doit appliquer des règles plus rigoureuses que dans une famille
«normale». Ainsi, on abolira pour tous les membres de la
famille les railleries habituellement tolérées, par exemple «il a
les deux pieds dans la même bottine», ou encore «il est incapable de raconter une blague»… Ces phrases sans trop de
conséquences pour un enfant ayant une bonne estime de soi
sont dévastatrices pour l'enfant dyspraxique.

Si l'enfant partage un espace avec d'autres enfants de la
famille, comme une chambre à coucher ou une salle de jeu, il
faut l'aménager de façon à favoriser un rangement simple et
rapide, afin d'éviter des conflits inutiles. L'enfant dyspraxique
étant très désorganisé, les autres enfants risquent de mal tolérer
son désordre. Des règles et une organisation des lieux physiques
facilitent la vie.

Afin que tous aient un droit de parole équitable lors d'une discussion familiale, on détermine une façon de faire. Par exemple, chacun raconte sa journée à tour de rôle. On évite les interruptions (l'enfant dyspraxique perdra son idée) et on ne tolère pas de taquineries. Idéalement, l'enfant dyspraxique sent qu'on l'écoute, qu'on s'intéresse à ce qu'il dit et qu'il peut prendre le temps dont il a besoin pour s'exprimer. À l'extérieur de ces règles, l'enfant évitera les dialogues ou encore deviendra très irritable. Cet exercice demande de la tolérance et de la patience de la part des frères et sœurs. Il est possible pour eux d'y voir le privilège de grandir collectivement, comme une famille unie.

Pour l'enfant dyspraxique, il est souhaitable de faire appel à un humour simple et accessible. Ce qu'il ne comprend pas dans les blagues peut lui faire croire que l'on se moque de lui. Les mauvaises blagues sont souvent une source de colère et de repli sur soi. Lorsque l'on veut s'amuser à se taquiner, il faut parler au « je » ou au « nous » plutôt qu'au « tu ». Par exemple, au retour d'une expédition dans la nature, on dira : « nous sommes sales et fatigués » plutôt que « tu es sale et fatigué ». En tout temps, la critique adressée à l'enfant dyspraxique doit être accompagnée d'explications claires, d'exemples, de comparaisons constructives et d'éléments positifs. Par exemple, pour aider l'enfant à faire son lit, on dira : « ton lit peut être mieux fait si tu t'y prends de cette façon. Par contre, la façon dont tu distribues tes coussins et animaux de peluche sur le lit, elle, est parfaite ».

« Qui se ressemble, s'assemble »

De façon toute naturelle, un enfant atteint de dyspraxie se lie d'amitié avec des enfants plus jeunes afin d'exercer un rôle parental, donc un rôle de compétence, ou bien avec des enfants plus vieux afin d'être materné ou d'avoir un modèle sous les yeux. Plus l'enfant vieillit, moins il fréquente des amis de son âge ne présentant pas de difficultés. Par ailleurs, il trouve souvent un grand réconfort à fréquenter quelqu'un qui présente des problèmes semblables aux siens, puisqu'il est généralement exclu des groupes de son âge dans lesquels les enfants n'ont pas de difficultés. Par conséquent, il devient difficile pour les parents d'accepter ce type d'amitié, puisque l'on croit que l'enfant sera davantage marginalisé. Néanmoins, l'amitié – à quelque degré que ce soit – est plus précieuse que la solitude.

CHAPITRE 7

LES INTERVENTIONS EN RÉADAPTATION

▼

L'équipe de réadaptation vise à ce que l'enfant dyspraxique développe tout son potentiel et qu'il s'épanouisse au sein de sa famille et de ses autres milieux de vie. Que ce soit par des activités d'évaluation, de traitement ou d'intégration sociale, les différents acteurs de la réadaptation mettent tout en œuvre pour améliorer la qualité de vie et les perspectives d'avenir de l'enfant dyspraxique.

En raison de la nature des déficits présentés, l'ergothérapeute joue un rôle prépondérant auprès de l'enfant dyspraxique. Les difficultés se retrouvant majoritairement sur les plans sensoriel, moteur fin, perceptuel et organisationnel, c'est surtout l'ergothérapeute qui est interpellé dans le processus de réadaptation.

Dans le chapitre qui suit, nous verrons plus en détail le rôle de l'ergothérapeute et des autres professionnels de la santé, ainsi que les étapes du processus de réadaptation et des modalités d'intervention.

Le rôle de l'ergothérapeute

La réalisation autonome et entière de toute activité humaine requiert un ensemble d'aptitudes et d'habiletés. L'analyse de ces activités est au centre du travail des ergothérapeutes. De par leur formation, ceux-ci possèdent une bonne connaissance des composantes de l'activité et peuvent identifier les effets de certains déficits sur l'autonomie de l'enfant. En effet, c'est en décomposant en ses différents éléments le rendement de l'enfant qu'on arrive à identifier ses incapacités. Cela permet d'élaborer un plan de traitement adapté aux besoins, de sélectionner des activités thérapeutiques et de suivre l'évolution des progrès. Dans le même ordre d'idées, l'ergothérapeute veille à favoriser la généralisation des acquis afin qu'ils s'étendent dans tous les milieux de vie.

Auprès de l'enfant en difficulté, l'ergothérapeute utilise de préférence le jeu comme moyen d'évaluation et de traitement, de manière à favoriser sa participation. L'objectif essentiel consiste à développer au maximum ses capacités ou à réduire les effets des déficits pour améliorer son autonomie fonctionnelle et favoriser sa participation sociale ainsi que sa qualité de vie.

Le rôle spécifique de l'ergothérapeute auprès de l'enfant dyspraxique se réalise dans diverses actions.

- Observer l'enfant dans ses différents milieux de vie.

- Évaluer son développement sur les plans sensoriel, moteur, perceptuel et organisationnel, à l'aide d'activités et de tests.

- Préciser le niveau d'autonomie de l'enfant et sa capacité à répondre aux demandes liées à son âge et aux exigences de sa vie quotidienne.

- Rééduquer spécifiquement les fonctions sensorielles, motrices, perceptuelles ou cognitives.

- Enseigner à l'enfant des façons de réfléchir lorsqu'il apprend de nouvelles tâches, ainsi que des stratégies pour compenser ses difficultés motrices et visuo-perceptuelles.

- Recommander l'adaptation du matériel et de l'environnement, et suggérer certains équipements spécialisés pour maximiser la participation de l'enfant.

- Aider l'enfant lui-même, ses parents et les enseignants à mieux comprendre la dyspraxie et à miser sur les forces de l'enfant pour engendrer des réussites.

- Aider les parents et les enseignants à entretenir des attentes réalistes envers l'enfant.

- Référer au besoin à d'autres spécialistes et travailler en étroite collaboration avec les intervenants concernés.

Les autres intervenants

Bien que l'ergothérapeute soit le principal intervenant sollicité dans la réadaptation de l'enfant dyspraxique, d'autres intervenants sont également concernés par l'une ou l'autre des étapes du processus.

L'éducateur spécialisé intervient généralement pour faciliter l'intégration sociale de l'enfant, le guider dans l'entraînement et la pratique de certaines activités de la vie quotidienne ou domestique, et l'aider à éviter des comportements inappropriés ou mal adaptés au contexte. Il agit fréquemment en collaboration avec l'ergothérapeute dans certaines modalités d'intervention.

Il peut également arriver que le physiothérapeute soit mis à contribution pour permettre à l'enfant d'acquérir certaines habiletés de motricité globale requises dans des activités sportives ou de loisirs, par exemple pour conduire une bicyclette.

Au besoin, l'orthophoniste intervient pour aider l'enfant à adapter son langage à l'entourage, à respecter les règles sociales et à améliorer ses habiletés de communication.

Enfin, des intervenants psychosociaux, travailleur social ou psychologue, peuvent offrir un soutien à l'enfant et à sa famille pour aider à accepter le diagnostic et pour mieux affronter des situations problématiques.

Les étapes du processus de réadaptation

Afin de favoriser l'acquisition de l'autonomie, le processus de réadaptation comprend plusieurs étapes :

- la rééducation d'habiletés spécifiques;
- l'intégration et la pratique de ces habiletés dans une tâche donnée;
- le transfert et la consolidation des acquis d'une tâche à l'autre;
- la généralisation des acquis dans différents contextes de vie;
- la compensation des incapacités résiduelles.

Bien que les étapes du processus se déroulent habituellement dans un certain ordre chronologique, elles peuvent toutefois se chevaucher, s'intervertir ou même revenir plusieurs fois. L'évolution de la réadaptation étant variable, elle amène le thérapeute à déterminer l'étape correspondant au stade de développement de l'enfant.

Voyons plus en détails chacune de ces étapes.

La rééducation de fonctions spécifiques

Le caractère thérapeutique de la rééducation repose sur le principe suivant: en utilisant une fonction, celle-ci tend graduellement à s'améliorer. En thérapie, pour améliorer le rendement, on sollicite une fonction déficitaire selon le degré approprié de fréquence, de régularité et d'intensité.

Cette étape est surtout assumée par l'ergothérapeute, qui fait la rééducation à plusieurs niveaux.

- La rééducation sensorielle, où l'on sollicite spécifiquement les modalités sensorielles mal interprétées par l'enfant.

- La rééducation motrice, où l'on s'attarde particulièrement au développement des fonctions de la main.

- La rééducation visuo-perceptuelle, qui a pour but – entre autres – d'entraîner les habiletés de poursuite visuelle, d'analyse visuelle et de perception spatiale.

- La rééducation cognitive qui vise à améliorer les capacités d'attention, de mémoire et de résolution de problèmes.

En bout de ligne, cette étape vise toujours à accroître l'autonomie fonctionnelle. La rééducation est un travail préparatoire aux étapes subséquentes et, pour l'enfant dyspraxique, elle est un préalable à l'amélioration, c'est-à-dire à l'apprentissage et à l'automatisation de nouvelles séquences de gestes.

L'intégration et l'entraînement en contexte de tâche

Rapidement, la thérapie doit offrir à l'enfant des occasions de pratiquer les habiletés nouvellement acquises dans des activités intéressantes et plaisantes. Cela permet également au thérapeute de mesurer l'efficacité de la rééducation en cours. Ces deux étapes, la rééducation et l'application en contexte de tâche, peuvent se réaliser en parallèle dans une même séance de thérapie. De cette façon, l'enfant comprend mieux le but de la rééducation et s'y investit pleinement. Par exemple, si l'enfant est motivé à apprendre à écrire, il acceptera plus facilement de faire des exercices de motricité fine.

Le transfert et la consolidation des acquis

Après les étapes de rééducation et d'intégration, on vise à transférer les habiletés d'une activité à l'autre et à consolider les acquis dans une grande variété de situations. Cette étape s'avère centrale pour les enfants dyspraxiques, car ils vivent les changements d'activités comme de nouveaux apprentissages, même s'ils ont maîtrisé les habiletés requises dans une première activité. Afin de tenir compte de cette difficulté, on expose l'enfant à des situations variées, en lui enseignant à retrouver dans son corps et dans ses expériences antérieures les stratégies qui l'ont mené à la réussite.

La généralisation des acquis

Après l'étape de transfert vient celle de la généralisation, où l'enfant devient capable d'utiliser dans sa vie quotidienne et de façon autonome les acquisitions faites en thérapie. C'est à cette étape que l'éducateur spécialisé agit en complémentarité avec l'ergothérapeute par l'entraînement de certaines activités en contexte réel et par la guidance auprès des parents. Parallèlement, on vise à informer tous les milieux que fréquente l'enfant pour favoriser la généralisation et l'actualisation des habiletés.

La compensation des incapacités résiduelles

Il est possible qu'au terme de la réadaptation, certaines incapacités demeurent présentes et doivent être compensées. Il ne faut pas croire que la thérapie a échoué parce qu'on utilise des aides compensatoires, par exemple un embout sur le crayon, un ordinateur pour écrire ou encore des velcros sur les souliers. Il faut plutôt voir cela comme des outils menant à l'autonomie. Présentées ainsi, les aides compensatoires sont mieux acceptées par l'enfant et lui permettent de mettre ses énergies au bon endroit.

Quelques approches utilisées en ergothérapie

Avant d'aborder spécifiquement certaines approches de thérapie, il est utile de se rappeler l'importance du jeu dans l'apprentissage. Sous toutes ses formes, le jeu est la modalité à privilégier avec les enfants. Il leur permet de se mettre en action tout en développant leur créativité, leur expression personnelle et la maîtrise de leur environnement. En jouant, l'enfant éprouve du plaisir à découvrir le monde qui l'entoure, ce qui l'aide à s'investir dans l'activité et à apprendre à la maîtriser. Par le plaisir qu'il entraîne, le jeu permet de faire contrepoids aux frustrations et aux échecs vécus au quotidien.

L'art de la thérapie repose sur un choix judicieux d'activités thérapeutiques qui encouragent l'enfant à s'investir et à se dépasser. Plus qu'une occasion de stimulation, la thérapie se base sur des principes qui permettent d'apprendre.

Avec les enfants, le principe le plus important à respecter est celui du plaisir. Grâce à des activités signifiantes, motivantes et plaisantes, on mobilise ses ressources de changement et on l'amène à développer de nouvelles capacités.

En second lieu, il importe d'organiser l'environnement de thérapie pour favoriser l'initiative chez l'enfant et pour lui fournir l'occasion d'agir de façon adaptée au contexte.

Autant que possible, on s'assure que les activités thérapeutiques représentent un juste défi pour l'enfant, afin de créer en lui un registre d'expériences positives qui maintiennent sa motivation et son goût d'apprendre.

Enfin, on doit favoriser une constance dans les explications et les consignes données à l'enfant dyspraxique et miser sur l'utilisation du langage en cours d'action.

L'intégration sensorielle

L'intégration sensorielle est basée sur le processus neurologique permettant l'organisation des informations sensorielles reçues de son corps ou de l'environnement. Une meilleure intégration des informations favorise l'apprentissage et permet d'améliorer la planification d'actions. La thérapie d'intégration sensorielle vise à stimuler l'organisation des sensations, afin de produire des actions adaptées à l'environnement (Ayres, 1972). Par un apport sensoriel enrichi et par un environnement qui offre un défi optimal à l'enfant, l'intégration sensorielle contribue à bâtir un répertoire de nouveaux mouvements.

Plusieurs autres types de thérapies se basent sur la répétition d'une tâche. L'approche d'intégration sensorielle s'appuie plutôt sur la stimulation et la construction de réponses sensori-motrices qui sont adaptées à des contextes variés. Elle met l'accent sur l'amélioration des praxies dans leurs différentes composantes sensorielles, afin d'entraîner une plus grande participation de l'enfant dyspraxique aux principales activités de sa vie quotidienne.

La théorie de l'apprentissage moteur

On définit l'apprentissage moteur comme étant l'acquisition de nouveaux mouvements ou la modification d'habiletés motrices déjà acquises. La théorie de l'apprentissage moteur repose sur l'idée que le mouvement émerge de l'interaction dynamique entre plusieurs composantes :

- les composantes physiques et cognitives inhérentes à l'individu ;
- le but de l'action à produire ;
- le contexte où se déroule l'action.

Les interventions basées sur l'approche de l'apprentissage moteur visent à améliorer les habiletés motrices par un entraînement approprié et une rétroaction à intervalles réguliers. Selon cette théorie, la progression de l'apprentissage se fait par stades. D'abord, l'enfant a une idée générale du mouvement à exécuter et il le fait sur le mode d'essais et erreurs. Graduellement, le mouvement gagne de la précision et l'enfant devient capable d'utiliser la rétroaction pour en corriger la direction. Finalement, il finit par accomplir le geste de façon fluide et automatique.

Comme les enfants dyspraxiques éprouvent de la difficulté avec l'élaboration, la séquence et la synchronisation d'actions, il s'agit, lors de l'intervention, de décortiquer les multiples étapes de l'apprentissage du mouvement. L'ergothérapeute doit d'abord revenir au stade cognitif du processus, afin que l'enfant se représente mentalement le geste à accomplir. Lorsque le nouveau mouvement est bien conceptualisé, la programmation et l'exécution n'en deviennent que plus efficaces.

En outre, à partir d'une perspective d'apprentissage moteur, il importe d'analyser le mouvement selon plusieurs critères qui guident l'intervention. Ainsi, chaque nouvel enseignement moteur peut être classé selon qu'il fait appel aux habiletés de motricité globale ou de motricité fine ; selon qu'il est simple ou complexe ; selon qu'il demande un geste unique, une série de gestes ou encore en enchaînement continu de gestes ; et enfin selon qu'il se réalise dans un environnement stable ou mobile.

Habituellement, les enfants dyspraxiques démontrent plus de facilité pour les activités de motricité globale qui requièrent des gestes simples dans un environnement stable. En thérapie, on fait progresser l'enfant en travaillant sur les différentes composantes du mouvement lors d'activités qui lui offrent un défi optimal et qui sont orientées vers le plaisir et le succès. En se basant sur l'apprentissage moteur, une intervention doit favoriser la mémorisation d'une habileté motrice, son transfert d'une activité à l'autre et son utilisation adéquate dans la vie quotidienne.

Les stratégies cognitives

Du point de vue de l'approche cognitive, les difficultés expérimentées par les enfants dyspraxiques proviendraient en partie d'une incapacité à générer des stratégies efficaces de résolution de problèmes dans diverses situations courantes (Mandich, Polatajko, Missiuna, Miller. 2001).

On définit une stratégie cognitive comme étant un plan, élaboré mentalement, qui dirige l'action. La stratégie repose à la fois sur les expériences passées et sur la connaissance de la tâche à accomplir dans le moment présent. L'approche cognitive fournit un cadre d'intervention dans lequel le thérapeute aide l'enfant à développer et à utiliser ses propres stratégies devant les problèmes qu'il rencontre. Elle reconnaît le rôle de la cognition dans le mouvement et dans l'accomplissement des nouvelles tâches du quotidien.

Une des approches cognitives récemment développées en ergothérapie est l'approche appelée *Cognitive Orientation to daily Occupational Performance* ou CO-OP (Polatajko, Mandich, Miller, Macnab and Kinsella, 2000). Cette approche, créée expressément pour les enfants dyspraxiques, est basée sur l'enseignement de méthodes d'auto-instruction et de stratégies de résolution de problèmes. Par ces enseignements, on aide l'enfant à développer un plan d'action approprié au contexte de la tâche en cours, à maîtriser son exécution et à en évaluer le résultat.

La stratégie globale de l'approche CO-OP repose sur un processus en quatre étapes.

1. S'interroger sur le but à atteindre.

2. Élaborer un plan d'action.

3. Exécuter la tâche en suivant le plan.

4. Vérifier les résultats en développant l'auto-évaluation.

Ce processus est présent dans chaque séance de thérapie et guide l'enfant dans l'atteinte de ses propres objectifs. Ultimement, l'approche CO-OP vise à ce que l'enfant utilise de façon spontanée, dans tous ses milieux de vie, les stratégies qu'il apprend pour résoudre les problèmes et qu'il pratique avec l'ergothérapeute.

Apprentissage de la calligraphie avec la méthode ABC BOUM !

L'intervention basée sur l'apprentissage de la calligraphie vise à ce que l'enfant atteigne un but fonctionnel, qui compte pour lui, tout en favorisant sa réussite. Comme l'apprentissage de l'écriture s'avère compromis pour la majorité des enfants dyspraxiques, cette activité doit faire régulièrement l'objet d'interventions en ergothérapie.

On utilise avec succès, auprès des enfants dyspraxiques, la méthode ABC BOUM!, créée en 1999 par l'ergothérapeute Natasha Rouleau, et qui vise à enseigner aux enfants la calligraphie. Cette méthode est basée sur une approche multisensorielle, faisant appel aux modalités visuelles, auditives, tactiles et kinesthésiques pour apprendre le sens du tracé des lettres. Dans cette méthode, chaque lettre est décomposée en différents traits d'écriture, auxquels sont associés une image (entrée visuelle), un bruit (entrée auditive), et une activité motrice guidée (entrées tactile et kinesthésique). Les 26 lettres de l'alphabet sont tracées à l'aide de 13 traits distincts. Chacun des traits est appris au fur et à mesure qu'il est nécessaire dans la calligraphie d'une lettre. Par exemple, pour écrire la lettre « h », on enchaîne deux traits. Le premier est un trait vertical, tracé de haut en bas, représentant une goutte de pluie qui tombe en faisant « touc ». Le second est en forme de cloche, et on l'associe à une sauterelle qui saute en faisant « boing ». Chaque trait est démontré et pratiqué individuellement, avant d'être placé dans une séquence pour former une lettre.

La méthode met l'accent sur l'encodage des traits dans la mémoire corporelle de l'enfant par des activités qui requièrent des mouvements de grande amplitude et plusieurs exercices en grand format, au tableau par exemple. C'est seulement lorsque le tracé d'une lettre est acquis dans sa mémoire motrice que l'enfant est amené à le pratiquer sur une feuille d'exercice. Cet encodage moteur favorise énormément l'automatisation du geste relié à l'écriture de chaque lettre. Par la suite, il permet à l'enfant de consacrer son énergie à d'autres apprentissages, comme l'orthographe, la grammaire ou la composition.

Jusqu'à présent, la méthode ABC BOUM ! s'avère très efficace pour aider les enfants qui ont des difficultés à l'écriture, puisque les indices sensoriels proposés donnent un sens au mouvement à produire. Écrire n'est donc plus abstrait, mais plutôt amusant et signifiant pour l'enfant.

Que retenir ?

- L'ergothérapeute, soutenu au besoin par les autres intervenants de la réadaptation, peut aider l'enfant dyspraxique à développer au maximum ses capacités, afin qu'il devienne autonome dans la vie quotidienne.

- Le processus de réadaptation comprend plusieurs étapes qui se déroulent à un rythme propre à chaque enfant.

- Plusieurs modes d'intervention mis au point en ergothérapie aident grandement les enfants dyspraxiques.

CHAPITRE 8

L'ENFANT DYSPRAXIQUE À L'ÉCOLE

▼

Le rôle des parents

Préparer le milieu scolaire à recevoir l'enfant dyspraxique

Les parents comptent pour beaucoup dans l'équipe d'apprentissage qui entoure l'enfant, car ils restent auprès de lui, tandis qu'un spécialiste passe, le temps d'une saison. En fait, les parents constituent le seul fil conducteur qui assure à l'enfant un suivi tout au long de son cheminement scolaire. Leur rôle prend dès lors une ampleur considérable. Dans les moments les plus difficiles, il est souhaitable qu'ils trouvent les moyens et les ressources pour contrer leur sentiment d'impuissance devant le cheminement scolaire de leur enfant. Par ailleurs, il existe bien des moyens de soutien pour apaiser leurs inquiétudes. Ils peuvent consolider des liens avec le milieu scolaire et apprendre à gérer leur sentiment de solitude, qui est souvent présent pendant la longue épopée scolaire de l'enfant. Enfin, il est idéal de s'adapter agréablement et sereinement pour faire évoluer l'enfant dans un climat scolaire uni et fort.

Par où commencer ?

À partir du moment où l'enfant dyspraxique reçoit un diagnostic officiel, il est souhaitable que les parents « annoncent » l'arrivée de leur enfant en milieu scolaire. Ils peuvent d'abord s'entretenir avec la direction de l'école pour présenter le portrait de leur enfant dyspraxique. Ensuite, la préparation d'un dossier complet est un atout indéniable. Ce dossier, préparé par les parents et idéalement par un ou des spécialistes de la réadaptation, devrait contenir toutes les attestations écrites produites par les spécialistes consultés pour le diagnostic et la réadaptation préscolaire. Ce document ne saurait être complet sans des pistes de solutions, des suggestions pour orienter les intervenants le plus rapidement possible quant aux méthodes d'apprentissage à privilégier avec l'enfant.

Bâtir l'équipe famille-école

Une fois le dossier de l'enfant présenté au milieu scolaire, une première rencontre devrait s'organiser avec l'équipe d'apprentissage. Cette équipe pourrait se composer de l'enseignant titulaire de l'élève, d'un enseignant-ressource de l'école, du directeur ou de la directrice de l'école (ou de son adjoint), d'un psychologue ou d'un éducateur et de tout autre spécialiste (ergothérapeute, orthophoniste, orthopédagogue), selon les besoins identifiés.

Les parents ne constituent pas un groupe homogène, tout comme les intervenants, d'ailleurs. Les expériences, les attentes et les besoins de chacun n'étant pas les mêmes, il ne faut surtout pas que les parents adoptent une attitude de spectateurs, mais plutôt une attitude d'acteurs, afin de faire ressortir les besoins de leur enfant. L'engagement parental se fait par des liens de réciprocité avec les intervenants scolaires.

Idéalement, afin d'intégrer cette équipe et de respecter toutes les personnes concernées, le parent participe à toutes les décisions qui touchent l'ensemble de l'éducation de l'enfant. Il donne son consentement lorsqu'il faut effectuer des évaluations spécialisées et pour tout service supplémentaire dont l'enfant aurait besoin. En cas de litige, le parent peut remettre en question les décisions qui ne répondent pas aux besoins d'apprentissage de son enfant. Par un processus régulier de transmission d'information, le parent est mis au courant des progrès et du développement de son enfant ainsi que des programmes offerts et dispensés par l'école.

Sur demande, le parent a accès au dossier scolaire, aux rapports d'évaluation d'expertise et au relevé du plan d'intervention. Bien entendu, le parent doit être consulté quand on prévoit intégrer l'enfant dans un programme particulier d'adaptation scolaire.

Pour le bien de son enfant, le parent a également intérêt à fournir à l'équipe scolaire tout renseignement susceptible d'exercer une influence sur son apprentissage :

- information médicale ;
- modifications aux habitudes de l'enfant, à la maison ;
- nouvelles techniques permettant de faciliter un apprentissage à la maison ;
- changements familiaux pouvant entraîner des réactions émotionnelles chez l'enfant (décès, divorce, chômage, perte d'un animal domestique) ;
- objectifs familiaux ou individuels visés et appuyés à la maison.

Finalement, pour que l'équipe famille-école soit efficace, des relations de travail positives doivent s'établir. Le parent, quand il lui est possible, trouvera l'occasion de rencontrer les intervenants travaillant auprès de son enfant. Ces moments sont une occasion d'échanger de l'information, de travailler en collaboration et de fournir une rétroaction sur les outils mis en place. C'est aussi le moment de s'informer de la fonction de chaque intervenant.

Les attitudes parentales

Pour le parent, la meilleure façon de se familiariser avec les enjeux éducatifs et de nouer des relations est de participer à la vie globale de l'école. Grâce à une participation au conseil d'école, aux comités scolaires ou encore à des activités à titre de bénévole, le parent est non seulement informé de tout ce qui se passe dans le milieu scolaire, mais il démontre à son enfant qu'il accorde une grande importance à son éducation et à son milieu de vie. Les enfants ont un plus grand respect pour les enseignants et les autres membres du personnel lorsqu'ils savent que les parents appuient leurs efforts et travaillent à bâtir des projets avec eux.

Comme représentant de l'enfant dyspraxique, le parent a la capacité de se faire une réputation solide et crédible. Les habiletés de représentant se développent par des attitudes de respect, de soutien, de patience et de politesse. L'arrogance et la rage sont à proscrire. L'enfant en souffrira de diverses façons, en vivant du stress, de l'anxiété et des échecs supplémentaires. Le parent a intérêt à écouter les perspectives des autres et à les considérer. Il s'agit là d'une manière importante de comprendre les situations et d'entretenir des relations de confiance. Le parent peut également saisir la chance de souligner les réalisations de l'enfant de même que les conséquences positives qu'elles ont sur son apprentissage et sur sa vie affective et sociale.

En cas de discorde au sein de l'équipe d'apprentissage, il est intéressant et même essentiel de solliciter l'intervention d'une personne de soutien. Il peut s'agir d'un membre de la famille, d'un ami, d'un autre enseignant, d'un professionnel travaillant auprès de l'enfant ou d'un représentant d'un organisme lié à la dyspraxie. Il devient alors important d'annoncer à la direction scolaire que cette personne sera présente à la prochaine rencontre, à titre d'observateur ou d'intervenant. Cette personne peut alors prendre des notes, poser des questions pertinentes au sujet du programme scolaire de l'enfant ou encore apporter conseils et expertise à cette équipe.

Un outil au Québec : le Plan d'intervention scolaire

Les buts

Depuis janvier 2000, le Québec s'est doté d'une politique d'adaptation scolaire très progressiste et orientée vers le succès global des élèves. Il ne s'agit pas seulement d'accéder au système d'éducation, mais d'y vivre des réussites. Comme nous le disions précédemment, cela suppose que même si l'intégration de chacun des élèves à une classe régulière est l'idéal recherché, elle ne doit pas se faire à tout prix puisqu'il est important de les rendre compétents.

L'outil de planification le plus important, conçu par l'équipe d'apprentissage pour répondre aux besoins spécifiques de l'élève dyspraxique est le Plan d'intervention individuel ou personnalisé. Ce plan est le fruit d'un effort collectif et fait appel à l'enfant, à ses parents, à ses enseignants, à des spécialistes et à la direction de l'école. Il est conçu pour répondre à des besoins uniques et personnels reliés à un seul enfant, en milieu scolaire. Il offre un programme scolaire personnalisé, pour planifier, contrôler et évaluer les progrès de l'enfant. Il est également un guide permettant d'orienter les transitions en cours d'année et d'une année à l'autre. Le Plan d'intervention se fonde sur les bases standard d'apprentissage scolaire. Toutefois, le contenu doit constamment faire l'objet de modifications et d'adaptations afin de correspondre au degré de compétence de l'enfant concerné.

Les étapes

Habituellement, les démarches pour établir un plan d'intervention se divisent en six grandes étapes.

1. Observation et collecte d'information.

2. Orientation du Plan.

3. Élaboration du Plan (toutes les personnes de l'équipe d'apprentissage doivent nécessairement être présentes pour cette étape).

4. Mise en œuvre du Plan.

5. Rétroaction et révision du Plan.

6. Évaluation de la qualité et de la portée du Plan.

La première étape (observation et collecte d'information) est assurément la base du Plan d'intervention. La qualité du travail à cette étape assure la réussite des autres étapes. Il faut y définir les forces, les connaissances et les habiletés que l'élève possède:

• ce qu'il sait;

• ce qu'il a acquis;

• ce qui est facile pour lui;

• ce qu'il est fier de faire;

• là où il se trouve bon.

Il faut également déterminer, à cette étape, les besoins prioritaires de l'élève dyspraxique. Il s'agit d'abord de définir ce que l'enfant sait et, en fait, ce qu'il devrait normalement savoir. Cet écart définit les priorités. Par exemple, reconnaître l'alphabet, s'habiller seul ou entrer en contact avec les autres.

Les questions préalables

• L'enfant peut-il gagner à assister au Plan d'intervention?

• Quels sont les progrès de l'enfant depuis le dernier Plan d'intervention?

• Quels buts n'ont pas été atteints et pourquoi?

- Une personne de soutien devrait-elle être invitée à participer au Plan d'intervention ?

- Quels sont les objectifs concrets à tirer de cette réunion ?

- Quelles sont les principales préoccupations ?

- Quels documents pourraient bonifier cette rencontre ?

Le Plan d'intervention peut aussi servir à...

...planifier les transitions

Une transition est un événement qui entraîne des changements sur le plan des relations, des emplois du temps, des rôles et des responsabilités. Les transitions font partie intégrante de la vie. Bien que n'importe quel enfant puisse éprouver des difficultés à les vivre, les enfants dyspraxiques vivent alors un profond désarroi. Le début de la vie scolaire, le passage d'une année à une autre, voilà des transitions que les enfants affrontent couramment.

Les décisions prises en vue de planifier des transitions doivent tenir compte de l'enfant concerné. Cela veut dire qu'il faut comprendre les forces de l'enfant, ses besoins et ses objectifs, de même que ceux de sa famille. La planification des transitions devrait se faire par l'équipe d'apprentissage. Le soutien généreux de cette équipe et l'engagement de l'enfant dans la planification de la transition seront un gage de succès.

...évaluer la possibilité d'instaurer un mentorat

Certains enfants ayant des besoins particuliers, comme les enfants dyspraxiques, peuvent bénéficier de l'accompagnement d'un étudiant bénévole pour accomplir certaines tâches scolaires ou sociales. Le parent peut suggérer cette option à l'équipe d'apprentissage afin que l'enfant puisse vivre de nouvelles expériences, gagner de l'autonomie et obtenir un modèle dans l'accomplissement de certaines tâches plus difficiles. Par exemple, un élève d'un niveau scolaire supérieur peut rejoindre l'enfant dyspraxique pour l'accompagner à la période du repas ou au départ de l'école en fin de journée.

...définir si l'enfant doit être en classe régulière ou en classe spécialisée

La plupart des parents d'enfants dyspraxiques se heurtent un jour ou l'autre à un choix difficile ; celui du classement scolaire. Habituellement, ces enfants sont intégrés au début de leur scolarisation dans les classes régulières de leur école de quartier. Ils devraient alors avoir droit à un programme adapté, à du soutien et à des services qui répondent à leurs besoins particuliers. L'intégration des élèves dyspraxiques en classe régulière doit s'inscrire dans une volonté de réussite sociale et scolaire. Bien sûr, tant que l'enfant se trouve dans une situation d'égalité, de partage, de participation équitable et de dignité, sa place est en classe régulière. Par contre, chez certains enfants dyspraxiques accusant un trop grand retard scolaire ou social, l'intégration complète ne constitue pas nécessairement la meilleure option. Dans l'intérêt fondamental de l'enfant, en considérant ses besoins personnels et son droit à réussir les défis qui se présentent à lui, l'équipe d'apprentissage peut prendre la décision d'offrir l'encadrement adéquat à l'enfant dyspraxique en le plaçant dans une classe spécialisée. Celle-ci offre un plus petit ratio enseignant-élève et un rythme d'apprentissage adapté.

En conclusion

Le Plan d'intervention est un outil qui amène tous les participants à s'exprimer afin de clarifier et d'orienter les interventions futures. Il faut retenir et appliquer toute piste de solution positive et importante, avec le soutien de tous. Un document officiel vient habituellement sceller la rencontre, après avoir été signé par tous. Il est utile d'y référer régulièrement par la suite, afin de s'assurer de l'application de toutes les décisions prises lors de cette rencontre. En terminant la réunion, il faut prévoir une date pour la prochaine rencontre de l'équipe.

Préparer l'enfant dyspraxique à vivre dans son milieu scolaire

Encourager la communication et l'interaction

Par l'entremise du milieu scolaire, il devient plus facile de renforcer les habiletés de communication de l'enfant dyspraxique. Il aura plus d'occasions de devenir un adulte confiant, autonome et qui réussit bien s'il apprend à interagir au moment opportun. Ces habiletés en communication permettent non seulement à l'enfant d'exprimer ses besoins et ses désirs, mais aussi de tisser des relations sociales, ce qui est, en soi, tout un défi pour une personne dyspraxique. Il est également très bénéfique de permettre une intégration sociale à l'extérieur de l'école. Il est idéal de sélectionner certaines activités supervisées par des adultes spécialement formés, comme dans les camps d'été et chez les scouts, pour développer toutes les facettes de sa personnalité.

Voici quelques suggestions pouvant amener l'enfant à vivre des situations d'interaction agréables :

- faire des jeux de rôle à l'école ou à la maison pour que l'enfant puisse s'exercer à communiquer dans différentes situations ;

- inciter l'enfant à poser des questions aux autres en l'interrogeant sur ce qu'il aimerait savoir d'eux ;

- donner l'occasion à l'enfant de communiquer avec diverses personnes ; qu'il s'agisse de voisins, des compagnons de travail de l'adulte, de spécialistes consultés ou de vendeurs rencontrés.

Se défendre contre l'intimidation

« L'intimidation, c'est des paroles blessantes ou des moqueries, ignorer une personne ou le rejeter volontairement, frapper, bousculer ou adopter des comportements violents envers une autre personne, raconter ou écrire des mensonges, répandre de fausses rumeurs au sujet d'une autre personne. Ces situations se répètent souvent. » (*Tel-Jeunes, organisme d'aide pour les jeunes*)

Évidemment, l'enfant dyspraxique étant nettement différent, il est sujet à subir de l'intimidation de la part de ses compagnons de classe. Afin de diminuer cette vulnérabilité, le parent peut lui inculquer des notions de sécurité contre les abus.

Voici quelques suggestions pouvant amener l'enfant à contourner les attitudes d'intimidation à son égard :

- lui apprendre à dire NON à des requêtes visant à atteindre son intégrité ;
- l'aider à identifier des adultes de confiance dans son entourage ;
- lui apprendre qu'il y a des gens autour de lui pour l'écouter, tout en respectant son intimité ;
- lui apprendre qu'il peut partager avec un adulte un secret lourd à porter afin de trouver des solutions ;
- lui apprendre qu'il possède trois droits : être en sécurité, être fort et courageux (le courage de dénoncer), être libre et avoir la capacité de choisir (la capacité de dire NON) ;
- lui apprendre la nécessité de ne pas mentir en lui expliquant que sa sécurité peut en dépendre, que s'il ment on risque de ne pas le croire lorsqu'il dira la vérité ;
- lui apprendre qu'il est important d'écouter sa petite voix intérieure qui lui indique s'il est à l'aise ou non dans une

situation. Il doit apprendre à avoir confiance en ce qu'il ressent.

Déceler le stress chez l'enfant dyspraxique

L'enfant dyspraxique redouble d'efforts dans toutes les sphères de sa vie afin de réussir de façon minimale ; il est évident qu'il est soumis à une très forte pression personnelle, sociale et scolaire.

Il est possible, par certains comportements, de déceler que l'enfant vit des moments difficiles. Ces comportements sont souvent vus comme le problème, alors qu'ils ne sont que le symptôme.

Il peut exprimer son anxiété et son stress lorsque :

- il se tient soudain en retrait ;
- il devient constamment irritable ;
- il démontre une soumission exagérée ;
- il devient soudainement agressif, hyperactif ou indifférent ;
- il ment de façon compulsive ;
- il a des troubles de sommeil : difficulté à s'endormir, cauchemars et réveils fréquents ;
- il présente des problèmes alimentaires (boulimie, anorexie) ;
- il se soumet à des activités sexuelles anormales pour son âge (masturbation excessive) ;
- il blesse les animaux de son entourage ;
- il défie anormalement l'autorité et les règlements, à la maison et à l'école.

Discuter avec lui de son cheminement scolaire

Au cours de sa scolarisation, l'enfant dyspraxique vivra de grandes frustrations tant au point de vue scolaire que social. Il est donc essentiel de discuter régulièrement de ses besoins particuliers et de ce que cela signifie sur le plan de son apprentissage. Il est très enrichissant de lui donner une rétroaction précise et de lui expliquer les résultats des évaluations professionnelles. Une bonne façon de le rassurer est de lui brosser un tableau complet de l'aide qu'il recevra.

L'accompagner dans la saga des devoirs

Parce que les devoirs enseignent à tous les enfants le sens des responsabilités et qu'ils constituent un lien essentiel entre l'école et la maison, il faut les considérer comme une expérience positive permettant de développer une connivence entre le parent et l'enfant.

Bien sûr, il n'existe aucune recette miracle pour traverser sans heurts ni pleurs ces épisodes quotidiens, mais il existe des trucs éprouvés pour en tirer le maximum de bienfaits. D'abord, il est idéal d'organiser un coin de travail tranquille. On prévoit aussi un horaire fixe afin d'appliquer une routine constante. Les parents ont tout intérêt à se rendre compte que leurs enfants doivent faire leurs devoirs eux-mêmes. Dans l'éventualité où l'adulte fait les devoirs à sa place, celui-ci perd confiance en lui, ce qui renforce son sentiment d'inaptitude. Le meilleur moyen de l'aider est de l'encourager à travailler seul, tout en lui offrant une disponibilité de tous les instants pour le soutenir. De lire discrètement tout près de lui peut le rassurer, car il sait alors que lorsqu'il aura besoin d'aide, il en aura immédiatement.

Les droits des enfants dyspraxiques en matière d'éducation

L'admission des enfants ayant des difficultés d'apprentissage, notamment les enfants dyspraxiques, dans les établissements scolaires en classes régulières ou en classes d'adaptation scolaire peut amener ces enfants à être écartés des bienfaits de l'éducation régulière.

Néanmoins, le droit de cette clientèle à une éducation adéquate a commencé à s'affirmer à la faveur d'une prise de conscience des familles, des éducateurs et de plus en plus des établissements scolaires eux-mêmes. De façon évidente, les droits de ces enfants deviennent une préoccupation. La Commission des droits de la personne et des droits de la jeunesse du Québec reconnaît des libertés et des droits à toute personne vivant au Québec, quel que soit son âge. Certains de ces droits affirmés par la Commission touchent particulièrement les enfants et les adolescents. Tout enfant a droit à la protection, à la sécurité et à l'attention que les personnes qui en sont responsables peuvent lui donner. Ils ont aussi droit à l'éducation juste et équitable. De plus, étant donné que les enfants dyspraxiques sont considérés, à juste titre, comme étant handicapés, ils ont des droits reliés à la protection contre la discrimination.

La discrimination est décrite par la Commission des droits de la personne et des droits de la jeunesse du Québec comme étant une injustice amenant une inégalité dans le traitement moral, physique et social de certaines personnes par rapport à d'autres. La discrimination peut aussi découler de règlements définis et apparemment neutres qui s'appliquent à tous, mais qui causent des préjudices en raison des particularités personnelles d'une personne, comme un handicap. Cela nous amène à penser qu'un enfant ayant des besoins particuliers en matière d'éducation peut être lésé par l'application de mesures généralisées favorisant l'ensemble d'une clientèle apparemment homogène. Nous parlons alors de discrimination indirecte, tandis que la discrimination directe fait référence à une action particulière qui cause préjudice.

De ce fait, vient alors la notion d'accommodement raisonnable. Il en va d'une obligation des organismes gouvernementaux et d'entreprises privées à faire des efforts pour tenter d'adapter leurs normes, leurs politiques et leurs modes de fonctionnement aux besoins particuliers de chaque personne. Elle les oblige à faire un effort pour tenter d'adapter leurs normes et modes de fonctionnement afin d'offrir un confort raisonnable à la personne concernée, à moins que l'adaptation requise entraîne une contrainte excessive. Cette mesure laisse donc place à la négociation afin que personne ne subisse de discrimination directe ou indirecte, et que chacun prenne conscience des limites de l'environnement.

Cette obligation amène l'élève dyspraxique et ses parents à pouvoir exiger que des mesures d'accommodement raisonnable soient mises en place en classe et à l'école, afin de faciliter l'apprentissage et d'augmenter la qualité de vie en général.

Enfin, lorsqu'il y a préjudice au droit de l'enfant dyspraxique, il est possible de recourir aux services de la Commission des droits de la personne et des droits de la jeunesse du Québec. Cette Commission a pour mission de représenter la personne lésée afin de lui restaurer son droit.

La route vers la confiance et l'autonomie

La confiance découle de la présence d'habiletés de résolution de problèmes qui permettent de prendre de bonnes décisions. L'enfant dyspraxique a besoin d'un appui et d'un modèle constant afin d'être en mesure de relever divers défis du quotidien. Le parent peut recourir à un modèle simple de résolution de problèmes pour lui apprendre à régler lui-même ses problèmes.

Voici quelques suggestions permettant à l'enfant de gagner de la sécurité et de l'assurance devant les défis :

- lui apprendre à se détendre pour bien évaluer la situation;

- lui apprendre à cerner le problème; il doit exprimer, à voix haute, la nature du problème afin de mieux le comprendre;

- lui suggérer plusieurs solutions possibles et lui demander: «Selon toi, qu'est-ce qui se passerait si tu essayais ceci?»

- discuter de la manière dont la décision sera mise en œuvre;

- l'aider à appliquer la décision;

- évaluer la décision: a-t-elle porté fruit? La prochaine fois, l'enfant devrait-il faire différemment? Qu'a-t-il appris?

En guise de conclusion, plus les parents accordent du soutien à leur enfant, plus l'effet positif est puissant. Les parents étant de véritables partenaires de route pour l'enfant fragilisé, ils affrontent tous ensemble les défis, les réussites, les échecs et surtout le plaisir de gravir les échelons lentement, mais sûrement.

Difficultés d'apprentissage et modalités d'intervention

Les principes généraux

En raison des besoins présentés par l'enfant dyspraxique, il apparaît primordial de faciliter ses apprentissages par des actions concrètes, dans le but d'augmenter son pourcentage de réussite, de maintenir sa motivation et son estime de soi, et de favoriser son intégration auprès des autres enfants.

La facilitation peut se traduire de différentes façons, selon la nature et le contexte de l'apprentissage à faire. Il peut s'agir de modifier l'environnement physique, de modifier les attentes ou de modifier la tâche elle-même. La facilitation peut se faire également par la guidance physique et verbale, la répétition, le soutien des autres enfants ou l'utilisation d'équipements spécialisés.

Certaines matières, en raison de leur contenu et des habiletés qu'elles requièrent, particulièrement sur les plans moteur et perceptuel, sont susceptibles de placer l'enfant en situation d'échec ou du moins en difficulté d'apprentissage. C'est le cas, notamment, pour l'écriture, la lecture, les mathématiques, l'éducation physique et les arts plastiques. Nous verrons dans ce qui suit une description des principales difficultés dans chacune de ces matières, ainsi que les interventions appropriées à développer. Dans ces descriptions, on retiendra que chaque enfant est unique et que les problèmes mentionnés ne sont pas tous présents chez tous les enfants.

L'écriture

Manifestations

Pour la majorité des enfants dyspraxiques, l'écriture représente la plus grande source de difficultés du cheminement scolaire. Au Québec, dès l'entrée à la maternelle, et de manière marquée au cours du premier cycle, les tâches graphiques occupent de 30 à 60 % du temps d'apprentissage de l'élève. Cela est considérable lorsqu'on sait que l'enfant dyspraxique est rapidement et régulièrement confronté à son incapacité à écrire comme les autres enfants.

Il faut d'abord comprendre que l'apprentissage de l'écriture n'est pas une fin en soi, mais bien un moyen pour accéder à d'autres apprentissages ou d'autres connaissances. L'enfant n'apprend pas à écrire pour écrire, mais plutôt pour transmettre un message par écrit, pour prendre des notes, pratiquer les notions enseignées dans des exercices ou des devoirs, ou encore laisser des traces de ses acquis par l'intermédiaire des examens.

Or, pour remplir toutes ces fonctions, l'écriture doit être rapide et suffisamment automatisée pour ne pas occasionner une surcharge à l'enfant. Celui-ci, pendant qu'il écrit, doit être disponible pour écouter les explications de l'enseignant et en comprendre le sens, assimiler des connaissances, réfléchir, faire des liens avec les connaissances acquises antérieurement. C'est le cœur du problème de l'enfant dyspraxique : pendant qu'il pense à la manière de bouger sa main et ses doigts pour tracer sa lettre et l'écrire au bon endroit, il ne lui reste que peu de ressources disponibles pour apprendre.

De façon plus détaillée, l'enfant risque de vivre des difficultés dans les aspects suivants :

- *La calligraphie* : l'apprentissage du tracé des lettres est ardu et l'automatisation du geste est lente à acquérir. L'enfant a tendance à inverser certaines lettres (b-d, n-u, p-q, etc.) ou encore est incapable de tracer des lettres contenant des diagonales (V, W, N, x k, etc.). On remarque également une fatigabilité extrême.

- *L'organisation de l'espace* : l'enfant ne respecte pas les interlignes d'écriture. Il se repère difficilement dans la feuille ou le cahier, et lors de la copie, son regard n'alterne pas efficacement du tableau à la feuille.

- *L'écriture comme soutien aux autres matières et la composition* : la persistance d'une écriture lente, hésitante et non automatisée est fréquente. On note que l'enfant a peu d'idées lors des compositions ou encore qu'il n'arrive pas à les mettre en ordre. Il fait aussi fréquemment des fautes d'orthographe et d'accord.

Interventions

Les premiers aspects à considérer pour diminuer les problèmes d'écriture sont la posture assise et la prise du crayon. En effet, il faut permettre à l'enfant de concentrer ses efforts sur l'acte d'écrire plutôt que sur le fait de maintenir une posture droite ou encore de se demander comment tenir son crayon. Les enseignants et autres intervenants scolaires doivent être sensibles à l'effet nuisible d'une mauvaise posture sur une activité aussi précise et exigeante que l'écriture. Une bonne posture permet à l'enfant de bien positionner son tronc, son bras et sa main par rapport à la feuille et lui permet d'améliorer sa coordination durant l'écriture.

Il faut donc s'assurer que l'enfant a les pieds bien à plat sur le plancher lorsqu'il est assis sur sa chaise, que le pupitre est à une hauteur appropriée, permettant l'appui des avant-bras, sans devoir élever les épaules. L'ajout d'un appui-pieds, l'utilisation d'un pupitre adapté ou encore d'un plan incliné sur la surface de travail, voilà autant de moyens qui contribuent à améliorer la posture de l'enfant. Le choix du crayon compte également pour permettre des mouvements raffinés des doigts et cela peut se faire avec l'ergothérapeute. Par exemple, la prise est plus stable et moins serrée si l'enfant utilise un crayon de plus gros diamètre ou de forme triangulaire ou si on ajoute un auxiliaire sur le crayon ordinaire.

Sur le plan de l'apprentissage de la calligraphie elle-même, il importe de montrer à l'enfant à tracer les lettres toujours de la même façon, en respectant le point de départ et le sens du tracé, et de miser sur la répétition. L'utilisation de repères et d'images pour retenir le sens des lettres, telle que suggéré dans la méthode ABC BOUM ! par exemple, est généralement aidante (voir les approches préconisées dans le chapitre 7). Des repères visuels sur la feuille facilitent le respect des séquences haut-bas et gauche-droite à l'écriture. Les interlignes peuvent être élargis pour s'adapter à la grosseur des lettres de l'enfant ou être marqués d'un code de couleurs pour aider l'enfant à se repérer dans l'espace et à savoir où placer ses lettres.

Règle générale, il est important d'allouer plus de temps à l'enfant lors des tâches d'écriture ou bien de réduire la quantité à écrire. Autant que possible, il est conseillé de limiter la copie et la prise de notes afin d'éviter à l'enfant de se sentir surchargé. On se sert plutôt de l'aide d'un autre enfant pour écrire les devoirs dans l'agenda, ou on utilise des feuilles préparées à l'avance ou des textes troués lors des exercices, d'un magnéto-phone pour enregistrer les explications de l'enseignant ou encore de l'ordinateur pour limiter l'effort moteur de l'écriture manuelle. On peut également permettre à l'enfant de donner ses réponses à l'oral au lieu de les écrire.

Quand recommande-t-on l'utilisation de l'ordinateur?

Pour la majorité des enfants dyspraxiques, on commence l'utilisation de l'ordinateur à partir du deuxième cycle du pri-maire, lorsque les exigences d'écriture augmentent en quantité, en qualité et en vitesse. Ainsi, lorsque les dictées deviennent plus longues, que les enfants doivent souvent prendre des notes ou composer des textes, l'ordinateur devient un bon moyen de compenser les difficultés praxiques. De fait, taper les touches d'un clavier s'avère une action motrice beaucoup moins exi-geante qu'écrire des lettres. En se servant de l'ordinateur, l'enfant garde son énergie pour apprendre et pour répondre au but pre-mier de l'apprentissage en cours. De plus, cela permet d'intro-duire l'autocorrection puisque l'enfant arrive à se relire plus facilement. La qualité de son travail s'en trouve améliorée.

Toutefois, malgré ces avantages, on vise habituellement à maintenir l'écriture manuelle pour les petites quantités à pro-duire, comme la signature, l'écriture de mots isolés ou de courtes phrases dans les cahiers d'exercices, et l'écriture des chiffres en mathématiques. Cette pratique a plusieurs objectifs. D'abord, le crayon demeurera toujours un moyen plus simple et plus rapide à utiliser, peu importe l'endroit où l'on se trouve; l'enfant

a donc avantage à continuer à s'en servir. Deuxièmement, le
maintien de l'écriture manuelle pour certains exercices permet
de réduire la différence entre l'enfant dyspraxique et ses compagnons. Enfin, le fait de pouvoir écrire permet une autonomie
fonctionnelle plus grande, à moyen et à long terme. Que l'on
pense à signer un chèque, à remplir un formulaire, à adresser
une lettre ou à faire sa liste d'épicerie, l'écriture manuscrite est
toujours utile dans la vie quotidienne.

Lorsqu'on songe à l'ordinateur, il faut aussi être conscient du
fait que l'enfant a besoin d'un entraînement pour s'en servir de
façon autonome et que cet outil n'élimine pas toutes les difficultés. De plus, les milieux scolaires sont encore peu adaptés à
une utilisation constante de l'ordinateur en classe.

En bout de ligne, il faut tenir compte de plusieurs aspects
avant de recommander l'ordinateur et c'est l'ergothérapeute qui
doit faire cette recommandation.

La lecture

Manifestations

Les difficultés en lecture, bien que présentes, sont habituellement moins envahissantes que celles que l'on observe à l'écriture et elles sont attribuables à deux causes principales. D'une
part, une mauvaise poursuite visuelle empêche une lecture fluide
et continue, et d'autre part, les difficultés de perception visuelle
nuisent à l'analyse de la position des lettres et des mots sur la
feuille. Si, à cause de ces déficits, la lecture est plus lente à
acquérir, il n'en demeure pas moins qu'elle deviendra généralement fonctionnelle avec la pratique.

Les déficits décrits auront des répercussions dans :

- *le décodage* : l'enfant confond visuellement des lettres ou des
  syllabes, il est plus lent à découper les mots en syllabes, il

fait des erreurs de conversion entre les lettres et les sons qu'elles produisent ou il ne comprend pas toujours ce qu'il lit.

- *la fluidité* : l'enfant lit lentement et se fatigue rapidement. Il saute des mots ou des lignes, ce qui entraîne une lecture saccadée et une perte du sens de la phrase.

- *le repérage et l'organisation dans l'espace* : l'enfant ne sait pas où commencer à lire et ne suit pas la séquence gauche/droite et haut/bas. Il se perd dans son texte, ne sait pas où ni comment y chercher des informations.

Interventions

On peut faciliter le décodage d'un texte en utilisant toujours la même police de caractère, en associant les sons à un mot ou une image qui a du sens pour l'enfant, en le faisant lire à voix haute.

On peut améliorer la fluidité de la lecture et le repérage en surlignant chaque phrase d'une couleur différente, en plaçant un repère pour indiquer le début du texte (point de couleur, flèche, dessin), en espaçant les mots dans une phrase ou les lignes sur une page, en grossissant les caractères et en évitant de surcharger la feuille avec des dessins en arrière-plan. On peut également placer un repère tactile sous la ligne à lire (règle ou cordelette cirée), utiliser une cache qui ne laisse apparaître qu'une ou quelques lignes à la fois, ou encore encourager l'enfant à suivre le texte avec son doigt pendant qu'il lit. Enfin, le plan vertical ou un plan incliné sur le pupitre peut aussi faciliter la recherche visuelle (par exemple, une feuille placée sur un cartable de trois pouces servant de plan incliné, un lutrin ou un porte-copie, la lecture au tableau).

Les mathématiques

Manifestations

Les échecs en mathématiques se manifestent rapidement dans la vie scolaire de l'enfant et tendent à s'aggraver avec les années. Cela s'explique principalement par les lacunes sur les plans de l'abstraction, du raisonnement, de la logique et des habiletés visuo-spatiales.

Avec cette matière, on relève des difficultés dans les tâches suivantes :

- *le dénombrement* : l'enfant oublie certains éléments ou les recompte deux fois, ne compte pas dans le bon ordre et manque de synchronisation entre le chiffre nommé et l'objet touché ;

- *l'écriture des chiffres et des symboles* : l'élève fait des inversions à l'écriture des chiffres ou reproduit incorrectement les symboles, particulièrement ceux qui comprennent des diagonales (x, <,> etc.) ;

- *les opérations arithmétiques et la décomposition des nombres* : l'enfant ne peut aligner correctement les chiffres en lignes et en colonnes, il ne sait pas dans quel sens lire les opérations, il ne comprend pas la signification des opérations et de la valeur du nombre ;

- *la résolution de problèmes écrits* : à la lecture de problèmes écrits, l'enfant identifie difficilement les éléments importants, manque d'habileté à faire des déductions et des inférences ou à suivre une séquence logique ;

- *la géométrie, les plans et les graphiques* : l'enfant n'arrive pas à se repérer dans l'espace, ne peut reproduire avec ressemblance les formes géométriques ou les dessins, fait une utilisation incorrecte des instruments comme la règle ou le compas, ne parvient pas à reconnaître ou à identifier les solides reproduits sur papier.

Interventions

L'activité de dénombrement étant celle par laquelle se forme le concept du nombre chez l'enfant, il est très important de bien encadrer cette activité, car elle servira à tous les apprentissages mathématiques ultérieurs. Pendant ce type d'activité, on recommande de guider physiquement la main de l'enfant pour qu'il pointe à chaque item qu'il compte, de lui fournir des objets à déplacer à chaque chiffre nommé ou d'utiliser un boulier. On peut associer un son ou un rythme à chaque objet compté. On doit également miser très tôt sur la mémorisation de la comptine numérique, c'est-à-dire savoir compter dans le bon ordre.

Pour l'écriture des chiffres, comme pour l'écriture des lettres, il s'agit d'enseigner à l'enfant à les écrire toujours selon la même méthode. La systématisation favorise l'apprentissage de la routine. Les traits utilisés pour l'écriture des lettres, tels qu'enseignés dans une méthode comme ABC BOUM !, peuvent aussi servir au tracé des chiffres ou des différents symboles mathématiques (+, X, <, etc.).

En enseignant des opérations simples, il faut éviter de laisser l'enfant compter sur ses doigts. En effet, ce moyen ne fait qu'augmenter la confusion et le risque d'erreurs, en raison du manque d'habileté à dénombrer adéquatement, mais aussi de la pauvre dissociation des doigts qui entraîne un obstacle supplémentaire, dans cet exercice. Il faut plutôt insister sur l'apprentissage par cœur des opérations simples (0 à 10 ou 0 à 20). On privilégie également l'expérimentation concrète pour favoriser la représentation mentale du nombre et pour illustrer les concepts associés aux opérations : manipulation d'objets (ajouter ou enlever), et utilisation d'un boulier, de bâtonnets de couleurs, de petites lignes à barrer, etc.

Ensuite, pour les opérations sur papier, l'ajout de repères visuels de couleurs et l'utilisation de papier quadrillé sont des exemples de moyens qui structurent l'espace de la feuille et aident l'enfant à mieux s'y retrouver. Cela est primordial pour l'enfant, sa réussite passant par l'organisation de l'espace visuel. Enfin, avec les années, on devrait envisager l'utilisation de la calculatrice ou de certains logiciels mathématiques pour faciliter la réalisation des opérations plus complexes.

En ce qui concerne la résolution de problèmes écrits, il s'agit d'illustrer la démarche en expliquant chacune des étapes à suivre. On a également avantage à s'appuyer sur les forces langagières de l'enfant en lui demandant de verbaliser ses idées et d'expliquer sa démarche dans ses propres mots. Graduellement, on enseigne à l'enfant à intérioriser ses verbalisations, c'est-à-dire à traduire les images en mots et à développer un langage intérieur qui le guidera dans sa résolution de problèmes.

Enfin, en géométrie, il est important de travailler d'abord avec des objets en trois dimensions, à explorer et à manipuler, afin de stimuler la formation d'images mentales de ces objets et de les généraliser aux représentations symboliques sur papier.

L'éducation physique

Manifestations

L'enfant dyspraxique est susceptible de vivre plusieurs échecs au cours d'éducation physique en raison des exigences motrices élevées de cette matière. Les différents types de coordination (œil-main, bimanuelle, œil-pied), la précision des gestes, la vitesse d'exécution ou les déplacements dans l'espace sont autant de préalables à la réussite d'activités physiques. Les difficultés se voient dans diverses situations :

- *dans une nouvelle activité motrice ou sportive* : l'enfant démontre de l'incoordination dans les jeux de lancer et une mauvaise planification motrice dans l'enchaînement de plusieurs gestes, par exemple pour frapper un ballon en mouvement avec le pied ou une balle avec une raquette. En activité, on observe des pertes d'équilibre et une raideur corporelle entraînant un manque d'harmonie gestuelle ;

- *lors des déplacements ou des activités en mouvement* : l'enfant n'est pas capable de s'orienter dans les lieux ou de placer son corps dans la bonne position, il ne comprend pas les consignes de direction comme tourner à droite, avancer de trois pas en avant, reculer, etc ;

- *lors des jeux d'équipe ou d'activités compétitives* : on observe chez l'enfant une difficulté à suivre les règles du jeu, une baisse de rendement dans les activités chronométrées, une tendance au retrait ou à l'évitement. Souvent, il est impopulaire auprès des autres enfants et se voit même rejeté quand vient le temps de former les équipes dans un jeu ;

- *sur le plan sensoriel* : l'abondance des stimuli sonores et visuels (cris des enfants, écho du gymnase, quantité de matériel, objets en mouvement) peut créer une surcharge sensorielle chez l'enfant et expliquer son manque d'attention et ses difficultés praxiques.

Interventions

Lors de l'apprentissage d'une nouvelle activité motrice, il est très important de la décomposer en gestes simples, une partie du corps à la fois. On doit expliquer verbalement chaque étape à l'enfant en nommant l'action à produire et la partie du corps qui s'en charge ; par exemple, « tu lances avec les deux bras » ou « tu frappes le ballon avec ton pied ». Guider physiquement l'enfant aux premiers essais, pour qu'il encode le bon mouvement dès le début. Si la tâche semble trop complexe, il est alors souhaitable de réduire les exigences motrices, par exemple en lui demandant de lancer moins haut ou moins fort, ou en autorisant un rebond avant de frapper la balle. On peut également prévoir une période d'entraînement plus longue pour l'enfant dyspraxique, afin de maximiser ses chances de succès lorsqu'il fera l'activité dans le contexte réel, avec ses compagnons. Il est aussi important d'allouer des pauses entre les périodes d'exercices et de toujours respecter le rythme de l'enfant.

Lors des changements de direction, on facilite l'orientation dans l'espace en donnant des indices visuels ou en référant à un code de couleur au lieu d'utiliser uniquement des mots directionnels, comme gauche-droite, avant-arrière, etc.

Dans les jeux d'équipe, si les compétences de l'enfant ne lui permettent pas de vivre du succès et du plaisir, ou si l'enfant ne veut tout simplement pas participer, on peut alors lui proposer de jouer un autre rôle, comme être l'arbitre, compter les points, être responsable du chronométrage, etc.

Autant que possible, on évitera les jeux de compétition exigeant vitesse et précision, puisque l'enfant sera inévitablement désavantagé par rapport aux autres. Lors de ces situations, il vaut mieux encourager l'enfant à se comparer à lui-même en tentant de battre ses propres résultats, comme lancer de plus en plus près de la cible ou compléter l'activité plus rapidement.

Enfin, selon les situations, on peut contrôler les quantités de stimulations sensorielles pour aider l'enfant. Un nombre élevé d'enfants qui bougent autour et l'écho des sons dans le gymnase peuvent créer une surcharge sensorielle chez l'enfant dyspraxique. Le gymnase peut être divisé et les enfants peuvent travailler en petits groupes.

À l'inverse, lors d'un enseignement spécifique, il peut être utile d'augmenter l'apport sensoriel pour aider l'enfant à comprendre le mouvement. On suggère par exemple d'utiliser des indices visuels (dossards, cibles de couleur ou ruban sur la balle), des indices sonores (sifflet, musique ou tapements de mains) et des indices tactiles (corde sur laquelle on marche, cerceaux, poids).

Les arts plastiques

Manifestations

De la même façon qu'en éducation physique, les arts plastiques peuvent être très exigeantes pour l'enfant dyspraxique. En effet, les activités d'arts et de bricolage font appel à la fois à la perception visuelle et à l'organisation motrice, d'où leur grande complexité. Il est probable que l'enfant ne soit pas attiré vers ces activités puisqu'il ne s'y sent pas compétent. On remarque souvent les manifestations suivantes :

- *les activités de motricité fine et de bricolage* : l'enfant ne fait pas une utilisation efficace des ciseaux, bâton de colle, pinceaux et autres outils. Il ne suit pas les étapes de la tâche, ses gestes sont imprécis et lents, ce qui occasionne un manque de minutie dans les productions ;

- *les activités graphiques* : la qualité des dessins et des reproductions de formes est pauvre. Le coloriage ou les tâches exigeant le suivi d'un tracé sont imprécis, à cause de l'incoordination motrice ;

- *la créativité* : l'enfant a généralement peu d'idées et ne réussit pas à planifier les étapes pour réaliser une production personnelle.

Interventions

Plus que dans toute autre matière, l'enseignement des arts plastiques devrait être présenté sous la perspective du plaisir, de l'exploration et de l'expérimentation. Le projet et les efforts de l'enfant doivent être valorisés plutôt que la réalisation finale.

On a avantage à montrer à l'enfant les nouvelles techniques en le guidant verbalement et physiquement, pour qu'il saisisse le mouvement à produire. Il est important de lui accorder plus de temps d'exercice avant de passer à un nouvel apprentissage.

Il est aussi nécessaire d'adapter la tâche à ses capacités en élargissant les lignes à découper, en délimitant les contours d'un dessin à colorier par une ligne contrastante, en utilisant un pochoir pour aider aux reproductions graphiques, en réduisant le nombre d'étapes à franchir, etc.

Il est intéressant et aidant pour l'enfant de varier les formats, les surfaces et les positions de travail : travailler debout au tableau, à un chevalet ou au mur, utiliser différents types ou grandeurs de papier, travailler au sol. Enfin, on peut stimuler la créativité des enfants en leur donnant des modèles et une structure d'accompagnement pour qu'ils arrivent à un résultat satisfaisant.

L'estime de soi

Manifestations

Au-delà des apprentissages scolaires, l'enfant dyspraxique est souvent conscient de ses incapacités et il déploie beaucoup d'efforts pour réussir comme les autres, sans jamais y parvenir tout à fait. Cela contribue grandement à fragiliser l'estime et la confiance qu'il a en lui-même, à diminuer son sentiment de compétence et à accroître son insécurité.

Ces sentiments se manifestent par des difficultés comportementales tantôt intériorisées (comme l'anxiété, le retrait, la dépression et même, occasionnellement, des idées suicidaires) et tantôt extériorisées (faible tolérance à la frustration, agressivité, opposition, comportements de contrôle ou de manipulation, ou encore bouffonneries inappropriées).

Interventions

N'importe quel enfant apprend mieux dans un contexte plaisant et détendu ; c'est d'autant plus vrai pour l'enfant dyspraxique. Le jeu et l'utilisation appropriée de l'humour sont des outils inestimables pour atténuer l'effet des erreurs ou pour dédramatiser une situation, tout en diminuant la pression liée aux résultats. Il s'agit donc, pour les adultes, d'accompagner l'enfant de façon chaleureuse et compréhensive, en se centrant sur le plaisir d'apprendre. Le but est de nourrir sa motivation à participer et à se dépasser, mais aussi à préserver son estime de soi.

Il s'avère également crucial de comprendre et de respecter les résistances de l'enfant. Devant les échecs répétés, l'enfant tente de se protéger pour éviter d'avoir mal, et il se défend contre les demandes trop grandes qu'il se sent incapable de combler. Dans toutes les situations, il faut éviter de porter des jugements ou d'utiliser des termes comme « paresseux » ou « entêté », et plutôt s'engager à contourner les résistances ou à les apprivoiser graduellement.

La clé réside dans le fait de voir l'enfant de façon positive, d'exploiter ses forces et de souligner ses réussites.

En résumé, voici les règles d'or à retenir pour aider l'enfant dyspraxique dans sa vie scolaire, peu importe ce qu'il doit apprendre.

1- Décortiquer les tâches en étapes simples et les présenter une à la fois.

2- Guider verbalement et physiquement les nouveaux gestes moteurs.

3- Viser l'automatisation des gestes ; démontrer toujours de la même façon, donner des temps d'exercice, pour permettre autant que possible la maîtrise de l'action avant d'en enseigner une nouvelle.

4- Diminuer la quantité au profit de la qualité.

5- Allouer plus de temps qu'aux autres enfants pour terminer la tâche et prévoir des pauses entre les nouveaux apprentissages.

6- Fixer des objectifs réalistes pour garder la motivation de l'enfant et de l'enseignant.

7- Adapter la tâche et le matériel aux capacités de l'enfant.

8- Outiller l'enfant pour améliorer son organisation ; fournir des repères visuels ou auditifs et suggérer des étapes explicites.

9- Faire expliquer la tâche à l'enfant et l'aider à développer un langage intérieur.

10- Réduire les doubles tâches, afin d'éviter la surcharge cognitive.

11- Référer à des expériences connues lors d'un nouvel apprentissage ; faire le lien avec le vécu ou avec une notion déjà apprise.

12- S'assurer que l'élève a une bonne posture assise et les bons outils.

13- Voir l'enfant de façon positive, afin qu'il adopte une attitude semblable envers lui-même.

Toutes ces interventions visent à s'assurer que la tâche et le milieu d'apprentissage conviennent à l'enfant dyspraxique, tout en lui permettant d'exploiter son plein potentiel. À cet égard, soulignons qu'un projet de recherche est actuellement en cours dans plusieurs écoles de la région de l'Estrie, au Québec, afin de favoriser la réussite des élèves présentant des troubles praxiques. Ce projet mise sur l'expérimentation d'ateliers de formation destinés aux enseignants et aux parents, dans le but de favoriser l'acquisition de connaissances sur ces troubles et de développer de meilleures compétences pour agir efficacement auprès de ces enfants. Nous croyons que la cause de la dyspraxie fera son chemin vers la reconnaissance si plusieurs partenaires s'y engagent, comme c'est le cas dans ce projet où des gens des divers milieux travaillent ensemble (écoles, commission scolaire, services régionaux d'expertise, centre de réadaptation), ce qui permettra aux enfants de recevoir des services d'éducation adaptés à leurs besoins.

Que retenir ?

- Les parents ont un rôle déterminant à jouer dans le cheminement scolaire de leur enfant.

- Le plan d'intervention individualisé permet une concertation entre tous les partenaires, afin d'adapter le mieux possible l'enseignement aux besoins de l'enfant dyspraxique.

- L'enfant dyspraxique est susceptible de présenter plusieurs difficultés, autant sur le plan scolaire que sur le plan social.

- Plusieurs interventions et moyens compensatoires aident l'enfant à vivre des réussites.

Pour en savoir plus

DAIGNEAULT G., J. LEBLANC. *Des idées plein la tête : exercices axés sur le développement cognitif et moteur*. Montréal : Éd. Chenelière/McGraw-Hill, 2003.

DORÉ M. et N. MICHAUD. *Plaisir d'apprendre*. Montréal : Éd. Chenelière/McGraw-Hill, 1999.

MISSIUNA C., et N. POLLOCK. *Les enfants ayant des troubles moteurs à l'école*. [5 brochures] Hamilton, Ont. : CanChild - Center for Childhood Disability Research, 2004. Site web : www.fhs.mcmaster.ca/canchild

SAINT-LAURENT L., J. GIASSON et M. DROLET. *Lire et écrire à la maison*. Montréal : Éd. Chenelière/McGraw-Hill, 2001.

CHAPITRE 9

LA DYSPRAXIE
À L'ADOLESCENCE

▼

Être parent d'un adolescent dyspraxique

L'indépendance en regard de l'autonomie

Comme le disait Françoise Dolto, pédiatre et psychanalyste française, «l'adolescent, de façon générale, est comparable au homard qui perd sa carapace pour grandir. Jusqu'à ce qu'il ait refait sa nouvelle enveloppe, il est d'une extrême vulnérabilité». Pour un adolescent dyspraxique, cet état est singulièrement amplifié.

Les apprentissages à réaliser à l'adolescence ont comme but ultime de mener vers l'indépendance. Évidemment, la route est plus chaotique si l'adolescent est atteint de dyspraxie, mais celui-ci doit tout de même apprendre à se connaître, à gérer son argent et son temps, à choisir ses amis, à se faire aimer des autres, à découvrir son corps et sa sexualité, à maîtriser sa colère et ses émotions, à respecter ses engagements, à prendre ses responsabilités et à découvrir ses talents.

Le premier constat à faire, pour définir les stratégies à utiliser afin de mener à bien cette mission d'autonomie, est celui de l'immaturité émotionnelle et du manque de compétence sociale de nos jeunes dyspraxiques. Ils font souvent preuve d'excès sociaux, en démontrant trop de familiarité ou trop de retrait à l'égard des gens qu'ils côtoient.

Bref, malgré la nécessité de continuer à travailler le développement global et moteur, il devient impératif, à l'adolescence, de prioriser l'éveil des habiletés sociales. Cela afin de corriger, au mieux, les lacunes particulières de la dyspraxie.

Les outils du parent

L'estime de soi

L'estime de soi se nourrit de deux aliments principaux : la reconnaissance des autres et leur affection (amour, sympathie, admiration, applaudissements). Si l'on a manqué des deux dans son enfance, tout le travail reste à faire à l'adolescence. Pour les enfants ayant reçu un diagnostic tardif, cet aspect est d'autant plus nécessaire à construire.

Les besoins spécifiques de l'adolescent en lien avec les aptitudes sociales reposent sur sa capacité de s'aimer et d'être persuadé qu'il mérite autant que les autres les bonnes choses de la vie. Un jeune avec plus de confiance et de maturité sait mieux composer avec certaines situations difficiles, sans utiliser de drogue et d'alcool.

Décoder les messages

Cette période particulière de la vie a son propre langage. En outre, il faut savoir l'interpréter afin de s'engager, comme parents, plutôt que de se retirer. Madame Danie Beaulieu, docteur en psychologie, a conçu un lexique des expressions utilisées par la plupart des adolescents :

- « Laisse-moi tranquille » *veut dire* « J'ai besoin d'espace, mais ne me laisse pas seul ».

- « Je ne suis pas intéressé » *veut dire* « Je suis gêné de dire que je ne sais pas comment faire ».

- « Tu es stupide » *veut dire* « Je suis blessé et en colère, parce que tu ne me comprends pas ».

- « Tu ne connais rien dans ça » *veut dire* « On habite des mondes différents et il y a certaines choses dans mon monde que je souhaite garder privé ».

- «Tu m'comprends pas» *veut dire* «Je me sens souvent seul et mal. J'aurais besoin que tu m'aides à mieux m'exprimer».

- «Ouais, c'est cool!» *veut dire* «Merci infiniment pour ce que tu me permets d'apprendre, de faire, de comprendre».

Améliorer les attitudes sociales

Ce n'est un secret pour personne: l'enfant, l'adolescent et même l'adulte, quand ils sont dyspraxiques, manquent de compétences sociales. Cette compétence réfère à une bonne adaptation et non à un superbe rendement. Il revient aux parents d'aider l'adolescent différent à développer des comportements sociaux adéquats, en utilisant les activités du quotidien et les sorties familiales.

Il peut être intéressant, voire essentiel, de définir avec la personne dyspraxique les hiérarchies sociales et politiques du monde qui l'entoure, afin de l'aider à en comprendre l'organisation. Par exemple, il n'y a rien de plus complexe – pour une personne dyspraxique – que de comprendre l'organisation des instances scolaires.

Pour soigner sa présentation physique et personnelle, on peut l'aider à travailler sa posture et sa façon de s'exprimer (voix trop forte ou trop faible). Il est idéal, alors, d'y aller à petits pas et de se donner des défis graduels, pour tenter d'atteindre les normes sociales. La façon dont le jeune se présente est bien souvent garante d'un contact social soit enrichissant soit décevant pour lui.

Trucs pour favoriser l'interaction sociale

- Lui enseigner à prendre d'abord conscience de ses émotions, de ses sentiments, de ses besoins et de ses intérêts avant d'interagir avec quelqu'un;

- lui enseigner les formules verbales adéquates pour les types d'interactions sociales usuelles. Par exemple, «bonjour, je m'appelle Rébecca, et toi, comment t'appelles-tu?»;

- lui enseigner à maintenir le contact visuel et à traduire ses réactions par ses expressions faciales. Simuler avec lui les expressions de joie, de tristesse, d'incompréhension, etc.

- lui enseigner les rudiments du langage non verbal, afin qu'il puisse mieux comprendre les autres et adapter son propre langage corporel. Par exemple, « croiser les bras signifie que la personne a une certaine résistance à tes propos » ;

- lui enseigner à limiter ses interventions en s'assurant que son interlocuteur parle aussi souvent que lui lors d'une conversation ;

- lui enseigner à avoir de l'empathie en lui expliquant ce que peut ressentir son interlocuteur ou ce qui l'amène à agir de telle ou telle façon ;

- lui enseigner qu'il faut d'abord ressentir de l'affection à l'égard d'une personne avant d'agir de façon affectueuse avec elle, par exemple la serrer dans ses bras ;

- lui expliquer, pour sa sécurité, ce qui semble évident et naturel pour tous, mais qui ne l'est pas pour lui, par exemple comment fonctionnent les numéros de porte des immeubles, lui montrer qu'il faut marcher à droite du trottoir, monter ou descendre les escaliers par la droite également, etc.

Bâtir des liens privilégiés

Avant de vouloir développer des amitiés, il est important que le jeune dyspraxique travaille à être un meilleur ami pour lui-même. Il doit apprendre à être indulgent à son égard, à rire de lui-même et à accueillir chaleureusement ses propres émotions. Il doit aussi prendre le temps de connaître chaque personne sur une base individuelle afin d'éviter de généraliser et d'adhérer au phénomène des stéréotypes.

Il faut avoir foi aux amitiés marginales et permettre au jeune dyspraxique de créer des liens avec des adultes ou des enfants.

On peut prendre l'exemple de cette jeune fille dyspraxique, de nationalité anglaise, dont le meilleur ami est un homme de 78 ans ayant survécu à l'Holocauste. Cette relation est tout aussi bénéfique pour cette jeune fille que pour cet homme âgé, car leur solitude et leurs blessures les amènent à se comprendre. Bien entendu, une grande supervision parentale est nécessaire, afin que cette jeune personne vulnérable soit en sécurité dans ses contacts amicaux.

Il est également important de croire aux bienfaits d'un animal dans la vie d'un être différent. L'animal est en soi une école. Sa simple présence favorise la prise de conscience de la vie, de l'agressivité, de la mort et de la vie sexuelle. L'adolescent dyspraxique qui entre en relation avec un animal découvre des bienfaits extraordinaires. L'animal, par la responsabilisation et l'entretien quotidien qu'il exige, ainsi que la reconnaissance qu'il offre en retour, représente pour le jeune un important moyen de structuration. Grâce à cette responsabilisation pour son animal, le jeune trouve un réel «sens à sa vie» et acquiert le sentiment d'avoir quelqu'un qui compte sur lui et sur qui il peut lui-même compter. L'isolement du jeune dyspraxique par rapport au monde rend sa recherche affective plus urgente et sa demande de reconnaissance plus délicate à contenter. Son idéal est alors comblé : il trouve dans la relation avec son animal un lien affectif durable et stable.

L'amour, la sexualité et la contraception

Avant de vivre une relation amoureuse saine, l'adolescent doit se sentir digne et compétent. Sur ces bases, il en découlera une relation épanouissante et sûre. Bien entendu, le contact physique qui naîtra d'une relation amoureuse est particulier pour un jeune dyspraxique. Il devra décoder le langage du corps, apprivoiser le toucher et composer avec son anxiété. Dans un premier temps, il serait souhaitable qu'il s'adapte au contact physique de façon platonique et ensuite, lentement, qu'il aille progressivement vers la sexualité. Malheureusement, la réalité sexuelle des adolescents contemporains est diamétralement opposée aux besoins de ces jeunes dyspraxiques. Aujourd'hui, les adolescents doivent être très actifs sexuellement et, de plus, ils doivent répondre aux critères de beauté et d'efficacité que leur impose une société prônant la facilité et la rapidité. De ce fait, il n'y a plus de place pour le platonique et le graduel; on passe à l'action rapidement et souvent de façon radicale.

Par ailleurs, pour compenser un manque d'estime de soi, un manque de confiance et pour être comme les autres, les adolescents dyspraxiques trouvent souvent une façon de combler ces lacunes en s'adonnant à une sexualité débordante et démesurée. Une éducation sexuelle appropriée et un suivi encadrant, avec un excellent dialogue, peuvent baliser leur sexualité de façon raisonnable et convenable.

Quant à la contraception d'une personne dyspraxique, elle doit exclure la gestion du temps, afin d'éviter des oublis et un stress inutile. Heureusement, aujourd'hui, par le moyen d'injections hormonales sporadiques, les jeunes femmes peuvent bénéficier d'un contrôle des naissances. Cependant, il faut que l'adolescent prenne conscience de sa responsabilité devant les dangers des maladies transmises sexuellement et qu'il apprenne à vivre sa sexualité de façon sûre.

En cas de dyspraxie, il est techniquement difficile d'utiliser le condom, déjà entouré de préjugés négatifs chez les adolescents. Bien sûr, les difficultés motrices accompagnées du stress et des émotions compliquent les choses. Une démonstration adéquate et une mise en pratique simulée de façon répétée permettent d'aborder la sexualité de façon sécuritaire. À défaut d'être à l'aise comme parent et afin de conduire le jeune adulte à devenir autonome en ce domaine, on peut recourir à l'aide d'une personne ressource en éducation sexuelle.

L'apparence physique et l'hygiène

Alors que chez l'adolescent « normal », la priorité est souvent son apparence physique, cette priorité passe au dernier plan chez l'adolescent dyspraxique. Donc, contrairement à l'habitude où le parent doit freiner cet intérêt démesuré, il doit stimuler le jeune à prendre soin de lui.

Dans un premier temps, on peut l'encourager à se développer un style personnel et vestimentaire. Il a bien assez d'être différent sans avoir *l'air* différent... Pour ce faire, on peut confier le rôle d'accompagnateur et de styliste à un autre adolescent plus à l'affût des tendances du moment. Cela risque d'être plus agréable et aussi plus valable. Comme parent, il faut peut-être aussi accepter que le jeune préfère avoir un jean de « marque » plutôt que plusieurs pantalons « sans nom ». Ce qui semble parfois superficiel et inutile pour l'adulte permet souvent à l'adolescent de se développer une assurance et une identité qui l'amèneront à une meilleure intégration sociale et à une bonne perception par ses compagnons.

Les besoins masculins

Le principal problème pour le jeune garçon dyspraxique est le rasage. Évidemment, le rasoir à lame n'est pas son meilleur ami. Il est de beaucoup préférable qu'il utilise un rasoir électrique. Voici deux autres atouts importants dont il dispose : la position assise pour effectuer le rasage et l'utilisation d'un miroir grossissant.

Les besoins féminins

Les règles

La question des règles est assurément assez complexe puisque celles-ci impliquent des notions de gestion du temps et de dextérité manuelle. Afin de bien prévoir les changements de serviettes, il est utile de régler la montre de l'adolescente pour qu'elle sonne de façon régulière. Quant au choix de la protection, il faut choisir les serviettes les plus simples possible (éviter les ailes multiples). Par ailleurs, il est souvent difficile pour une jeune fille dyspraxique d'utiliser des tampons, en raison de la nécessité d'être en équilibre et d'être précis dans son action ainsi que dans la gestion du temps. Un tampon oublié cause de graves dangers d'infection.

Les cheveux et le maquillage

De toute évidence, il faut favoriser un style capillaire simple et des cheveux faciles à coiffer. Il est parfois compliqué de manipuler des outils comme un séchoir à cheveux et un fer chauffant. Il est plus agréable de simplifier cette tâche. Le choix d'un maquillage quotidien très léger est aussi de mise, afin d'éviter les complications inutiles et les barbouillages ridicules. Une formation de base par une adolescente qui connaît bien les tendances-jeunesse et quelques répétitions amèneront la jeune dyspraxique à se développer un style simple et joli. Enfin, il existe maintenant de plus en plus de techniques permanentes qui facilitent les tâches de coquetterie (maquillage et épilation).

Une vie active ? C'est possible !

Le choix des activités

La stimulation parentale est l'outil clé pour que l'adolescent dyspraxique soit actif. Mais attention, nous parlons ici de stimulation et non d'imposition. Il s'agit donc de travailler avec lui pour faire émerger ses intérêts et ensuite les respecter.

Dans un premier temps, il faut éviter la censure dans le choix des activités, afin d'éviter un repli et un retrait de l'adolescent. En second lieu, il est possible de négocier des ajustements et des compromis acceptables pour tous. On peut toujours modifier une activité selon certains besoins et certaines limites. Par exemple, si le jeune désire vivre une expérience de parachutisme (ce qui semble irréaliste au premier abord), on peut lui expliquer qu'il est trop coûteux de vivre l'expérience en tant que telle, mais qu'il serait sûrement possible d'organiser une rencontre avec un instructeur. Cela afin de découvrir tous les secrets et rudiments du parachutisme et d'observer le spécialiste en pleine action. Donc, tout est possible, le secret est dans l'adaptation.

Le bénévolat

Bien sûr, les activités d'été sont un casse-tête pour tous les parents. À l'adolescence survient souvent un rejet de toutes les activités collectives imposées, comme la participation à un camp d'été. De façon stratégique, il est possible de renverser la vapeur en se rendant compte que notre jeune dyspraxique, qui reçoit de l'aide depuis toujours, a aussi besoin d'offrir son aide et de se sentir nécessaire, utile et compétent. Ce jeune sait que le jugement de ses parents est biaisé à son égard et qu'il est aimé inconditionnellement même s'il est « incompétent ». Il a alors besoin que d'autres personnes bonifient ses compétences. Le bénévolat est probablement le meilleur moyen pour combler ses besoins. Il est alors intéressant de contacter les maisons d'accueil pour personnes âgées, les associations pour personnes handicapées, les garderies, etc. Les organismes ont toujours besoin d'un coup de main et son travail sera supervisé par des adultes responsables de l'encadrer. Bien souvent, pour la première fois de sa vie, l'adolescent dyspraxique se retrouve alors en position de force et d'admiration.

L'autoroute électronique

Une excellente façon pour l'adolescent dyspraxique de développer des compétences sociales, dans un premier temps, est l'utilisation de la messagerie instantanée électronique et les salles de clavardage surveillées. Alors tombent les barrières causées par la pression du face à face. Le fait d'avoir plus de temps pour réfléchir à ce que l'on veut dire amène beaucoup de confiance et permet une plus grande ouverture. Malgré tous les aspects positifs de ce type de communication, il faut apporter une grande supervision à ces jeunes et vérifier avec qui ils communiquent et de quelle façon. Une première approche de surveillance consiste à placer l'ordinateur dans la pièce la plus fréquentée de la maison. De cette façon, l'adolescent est toujours en présence d'un membre de la famille. Il faut aussi limiter la durée des interventions informatiques afin d'éviter que ce médium de communication ne devienne un refuge pour fuir la réalité.

Les réalités du quotidien

L'argent

La gestion de l'argent constitue un grand problème pour une personne dyspraxique. Une façon simple de fonctionner au quotidien (qui ne règle pas tous les problèmes, mais qui en soulage plusieurs) est l'utilisation d'une carte de retrait automatique pour payer les achats. Cela évite de compter l'argent à donner et à recevoir et protège par le fait même du vol.

Traverser la rue

Ce n'est pas seulement la peur qui empêche une personne dyspraxique de traverser la rue. Ces gens ont aussi de la difficulté à évaluer à quelle distance sont les automobiles et à quelle vitesse elles circulent, en raison d'une mauvaise perception du mouvement de l'automobile.

Les « fêtes »

Pour un adolescent « normal », le summum du plaisir est de participer à une « fête » avec les copains. Pour le jeune dyspraxique, l'interaction sociale et l'excès de stimulation sensorielle l'amènent souvent à détester ce type d'activité. Le bruit et les lumières clignotantes qui accompagnent ces soirées peuvent même lui faire peur et l'angoisser.

L'aide aux devoirs

À l'adolescence, même si le jeune dyspraxique a besoin d'aide pour ses travaux scolaires à la maison, il refusera probablement le soutien de ses parents. Un excellent moyen de contourner ce problème consiste à trouver l'aide nécessaire auprès d'étudiants du collégial ou de l'université qui offrent des services parfois gratuits, dans le cadre de leur formation en enseignement. Ils apportent une nouvelle approche puisqu'ils sont jeunes, sympatiques et, surtout, parce qu'ils n'ont pas le défaut d'être « parents ».

En conclusion, la recette du succès, dans l'accompagnement de l'adolescent dyspraxique, réside dans quelques consignes de base :

- éviter la pression parentale ; il est alors dangereux que le jeune développe de mauvaises façons de contourner cette pression, par exemple le mensonge ou le retrait verbal ;

- participer à une rétroaction constante et régulière quant aux évènements de sa vie, avec le respect de ses limites et de ses attentes ;

- l'encourager à être indulgent à son égard et à être lui-même son meilleur ami.

Enfin, l'aspect le plus positif – quant à la relation que développe le parent avec l'adolescent dyspraxique – est la perspective unique de vivre des moments particuliers et agréables. Il serait impossible d'être aussi proche et aussi engagé dans la vie d'un adolescent «normal». Il faut y voir le plaisir et le privilège de prolonger cette précieuse et exclusive connivence.

Le rôle de la réadaptation

L'avènement de l'adolescence amène de nouvelles habitudes de vie et, par conséquent, de nouveaux besoins de réadaptation pour le jeune dyspraxique. Que ce soit pour l'aider à acquérir une plus grande indépendance dans sa vie courante, pour faire face aux obligations scolaires ou pour favoriser une meilleure intégration sociale, les professionnels de la réadaptation offrent des services adaptés à la nouvelle réalité de l'adolescent.

Le portrait à l'adolescence

L'aspect sensoriel

Avec le temps et la réadaptation en bas âge, les troubles d'intégration et de modulation sensorielles ont tendance à s'atténuer ou encore à être mieux maîtrisés. Le jeune et son entourage apprennent à compenser ou à contourner les incapacités résiduelles pour en réduire les obstacles dans la vie quotidienne.

L'aspect moteur

Sur les plans moteur global et praxique, la maladresse et le manque d'organisation motrice tendent à persister et entraînent des effets négatifs sur l'accès aux activités sportives et de loisirs. À l'adolescence, les exigences motrices des activités offertes sont de plus en plus élevées et comportent des mouvements complexes, tant du point de vue de la séquence que de la synchronisation ou de la précision des gestes. Ces nouvelles exigences représentent un obstacle réel pour les jeunes dyspraxiques, qui ne peuvent réussir les mêmes activités que les autres jeunes du même âge.

Sur le plan moteur fin, avec le suivi en ergothérapie et de l'exercice, l'adolescent a souvent réussi à développer des manipulations suffisamment efficaces pour lui permettre d'être fonctionnel dans ses activités quotidiennes. Il a aussi appris à compenser ou tout simplement à éviter certaines tâches plus complexes, par exemple lacer les souliers ou boutonner une chemise.

Par ailleurs, on observe une persistance des déficits dans les tâches qui demandent de la coordination oculo-manuelle ou bi-manuelle, ou encore celles qui requièrent de la vitesse et de la tolérance physique. Le principal effet de ces limites se fait sentir dans l'écriture. En effet, bien que la majorité des adolescents dyspraxiques aient maîtrisé la prise de leur crayon et la calligraphie des lettres, ils demeurent incapables d'écrire la même quantité que les autres, avec la même vitesse et la même précision.

L'aspect perceptivo-cognitif

C'est sur le plan perceptivo-cognitif que les incapacités de l'adolescent dyspraxique restent les plus marquées. Les difficultés déjà présentes à l'enfance, en particulier celles de perception de l'espace, de résolution de problèmes et d'organisation à la tâche, ont tendance à se maintenir et parfois même à s'amplifier. Comme nous le verrons plus loin, cela crée plusieurs situations de handicap pour l'adolescent, autant dans sa vie scolaire que dans l'acquisition de son autonomie en général.

Les interventions en réadaptation

Les principales interventions requises à l'adolescence sont essentiellement centrées sur l'intégration scolaire et sociale et sur le développement de l'autonomie dans de nouvelles habitudes de vie (préparer des repas, prendre l'autobus de ville, gérer l'argent, aller au centre commercial, etc.). Ces interventions sont réalisées par l'ergothérapeute et l'éducateur spécialisé, surtout de façon indirecte, en conseillant et en outillant la famille ou les milieux scolaires ou de loisirs. Occasionnellement, il est indiqué de procéder à un suivi de thérapie pour améliorer des habiletés spécifiques, en individuel ou de groupe. L'apport du travailleur social ou du psychologue peut également être fort bénéfique pour l'adolescent et ses parents, afin de traverser cette période parfois difficile.

Par ailleurs, lorsque le diagnostic de dyspraxie se pose à l'adolescence, une des interventions prioritaires consiste à expliquer à la famille et au milieu scolaire la nature et les effets de la dyspraxie sur le fonctionnement de l'adolescent. Cette démarche est réalisée par l'ergothérapeute et sert à orienter les personnes qui gravitent autour du jeune, en connaissant mieux ses besoins.

La transition du primaire au secondaire

Si le passage au secondaire est une étape importante pour la majorité des jeunes de 12 et 13 ans, il représente un réel défi pour celui qui a un diagnostic de dyspraxie. En effet, avec le changement des habitudes de vie et des exigences scolaires, l'adolescent dyspraxique se retrouve avec de nouvelles difficultés dans divers aspects de sa vie : rendement scolaire, autonomie et désir d'indépendance, prise de responsabilités, relations interpersonnelles et appartenance au groupe, loisirs et participation à la vie étudiante.

Cette période peut correspondre aussi, pour l'adolescent, à une plus grande prise de conscience de ses difficultés et de leurs conséquences pour son l'avenir. Tous ces changements accentuent souvent les frustrations déjà présentes depuis l'enfance et créent du découragement chez l'adolescent. De plus, le milieu scolaire lui-même est parfois impuissant à répondre adéquatement aux besoins particuliers du jeune dyspraxique.

Il importe donc de bien préparer la transition du primaire au secondaire, en informant le nouveau milieu, de façon détaillée et précise, sur la nature des problèmes et les besoins spécifiques que la dyspraxie engendre à l'adolescence. Puisque les difficultés rencontrées au primaire persistent au secondaire, il faut prévoir la meilleure orientation possible pour ce qui est de l'apprentissage visé et de l'encadrement requis, dans l'intérêt du jeune et dans le respect de ses capacités.

Les apprentissages scolaires

Le passage au secondaire est caractérisé par une augmentation des exigences scolaires et par la multiplication des matières et des contextes d'apprentissage. Pour l'adolescent dyspraxique, les difficultés vécues au primaire peuvent s'accentuer et entraîner des situations d'échecs de plus en plus nombreuses.

Les difficultés de l'adolescent apparaissent surtout en mathématiques, en raison de ses déficits perceptivo-cognitifs persistants. Ce qui rend les mathématiques si ardues pour le jeune dyspraxique, ce sont ses difficultés de perception de l'espace, et ses difficultés d'abstraction, de déduction ou encore de résolution de problèmes complexes. De plus, l'apparition de matières connexes, telles les sciences, occasionne les mêmes obstacles pour le jeune et représente un défi beaucoup trop grand pour lui.

D'autre part, lors des travaux écrits, le jeune qui a poursuivi l'écriture manuscrite pendant tout son primaire se retrouve devant une grande augmentation des exigences a cet égard. L'augmentation de la quantité et de la longueur des productions écrites demandées, le volume de notes à prendre et le rythme de la classe deviennent des obstacles majeurs pour le maintien d'une écriture efficace.

Les exigences d'adaptation et d'organisation

Le fonctionnement de l'école secondaire, très différent de celui du primaire, sollicite les capacités d'adaptation et d'organisation des élèves, en plus de l'augmentation des exigences d'apprentissage dans chaque matière. Or, la dyspraxie touche précisément ces facultés, et le jeune qui en est atteint expérimente de grandes difficultés à s'adapter à ce nouveau milieu. Plusieurs facteurs sont susceptibles de déstabiliser l'adolescent et d'augmenter son insécurité et son stress :

- la superficie de l'école et la fréquence des déplacements au cours de la journée ;
- le changement de locaux, de professeurs et de groupe, à chaque cours ;
- l'horaire variable d'un jour à l'autre et d'un élève à l'autre ;
- l'augmentation du matériel scolaire.

Par ailleurs, dans chaque matière, le jeune fait face à des exigences élevées pour l'organisation de la tâche et du matériel, la priorisation du travail et la gestion du temps. L'adolescent est souvent dépassé par toutes ces nouvelles obligations et n'arrive pas à y faire face.

Les relations interpersonnelles et l'appartenance au groupe

À l'adolescence, l'appartenance à un groupe est d'une grande importance dans le développement de l'identité et de l'estime de soi.

Malheureusement, c'est également une période où l'isolement social est fréquent chez les adolescents dyspraxiques. Certaines lacunes sur le plan des habiletés sociales limitent le jeune dans ses relations et expliquent le caractère parfois inapproprié de son comportement avec les autres. De plus, comme le développement moteur et affectif de l'adolescent dyspraxique ne se fait pas au même rythme que ses compagnons, il est susceptible de vivre des sentiments d'incompétence et de subir du rejet de la part des autres élèves. Le manque de jugement et les faibles capacités d'anticipation du jeune peuvent également le placer en situation de conflit interpersonnel et renforcer d'autant plus son isolement social.

Comment aider l'adolescent dyspraxique ?

Devant les exigences multiples du fonctionnement de l'école secondaire, il peut s'avérer nécessaire d'orienter le jeune vers une classe de cheminement particulier. Ce type de classe offre un enseignement adapté au rythme de chaque élève, et on y trouve un groupe restreint et un encadrement approprié, ce qui est susceptible de répondre davantage aux besoins de l'adolescent dyspraxique. L'avantage du cheminement particulier est de prioriser les apprentissages scolaires, tout en assurant le développement de l'autonomie et des compétences sociales. De plus, en réduisant le nombre de locaux, d'enseignants et de déplacements, ce type de classe diminue les exigences organisationnelles, allège le stress et assure une stabilité au sein du groupe.

Par ailleurs, lorsque le jeune suit le programme régulier, il importe de mettre certaines mesures en place pour favoriser un fonctionnement optimal et faciliter ses apprentissages. Parmi ces mesures, on peut citer les suivantes :

- Nommer un répondant, tuteur ou enseignant, qui développera une relation privilégiée avec l'adolescent, qui sera à l'écoute de ses besoins et qui aura un rôle d'intermédiaire entre le jeune et les enseignants.

- Favoriser l'acceptation et le respect, de la part des élèves, en outillant le jeune dyspraxique pour qu'il puisse expliquer aux autres sa condition et ses limites.

- Établir un pairage avec un autre élève qui servira de guide et de modèle.

- Adapter l'enseignement en réduisant la quantité de travail à produire, en permettant de photocopier les notes d'un pair ou en recourant à un élève scripteur, en autorisant les examens oraux plutôt qu'écrits.

- Utiliser les aides compensatoires, comme l'ordinateur, le magnétophone, le dictaphone ou la calculatrice.

- Privilégier le soutien d'un psycho-éducateur ou d'un éducateur spécialisé pour encourager le développement des habiletés sociales et prévenir l'apparition de problèmes de comportement.

- Encourager la participation à des activités parascolaires en petits groupes, selon les intérêts et les forces de l'adolescent, afin de contrer l'isolement social et d'augmenter l'estime de soi.

- Respecter le rythme de l'adolescent, valoriser les bons coups et les efforts.

- Maintenir une bonne collaboration entre l'école et la famille.

Tout au long du parcours du jeune dyspraxique, il est très important de documenter les difficultés rencontrées, ainsi que les adaptations mises en place pour favoriser sa réussite.

L'avenir des jeunes dyspraxiques

L'orientation professionnelle

À partir de 16 ou 17 ans, les adolescents sont amenés à faire des choix pour l'avenir, entre autres en fonction de leur orientation professionnelle. En raison de ses limites, l'adolescent dyspraxique vit souvent une grande incertitude envers l'avenir, et le milieu scolaire ne sait pas toujours où l'orienter et comment l'aider à faire des choix judicieux.

Dans un tel contexte, une démarche à prioriser consiste à recentrer le jeune sur ses valeurs, ses intérêts, ses forces et ses rêves. Un conseiller en orientation peut s'avérer d'une aide appréciable, en faisant ressortir les intérêts et les aptitudes de l'adolescent et en l'informant des orientations possibles.

Il existe aussi, dans les écoles du Québec, un outil nommé « Plan de transition entre l'école et la vie adulte ». Cette démarche vise à favoriser l'accès au marché du travail et le maintien en emploi pour des personnes qui présentent différents types de déficiences. C'est une planification à long terme qui aide le jeune à définir son projet de vie et qui s'appuie sur ses intérêts et ses rêves. Ce plan de transition se déroule sur une période d'au moins trois ans avant la fin du secondaire et peut faire appel à plusieurs partenaires : élève, parents, école, intervenants du centre de réadaptation et du CLSC, intervenants du milieu de travail et des ressources communautaires.

Au cours des années qu'ils passent en cheminement particulier, les jeunes de 17 à 21 ans peuvent avoir accès à des stages dans des milieux de travail choisis en fonction de leurs besoins et de leurs intérêts. Ces expériences permettent au jeune adulte de connaître la réalité du marché du travail et d'évaluer ses capacités à répondre aux exigences d'un emploi, tout en se sentant soutenu et encadré par son milieu scolaire. Elles permettent également aux intervenants d'évaluer le rendement du jeune et de mieux le diriger par la suite.

Force est de constater que l'adaptation au secondaire n'est pas facile pour l'adolescent dyspraxique. Les transitions, du primaire au secondaire et, par la suite, du secondaire au marché du travail, représentent des jalons importants pour son avenir.

Dans le but de maximiser les possibilités de réussite et de permettre à l'adolescent de s'épanouir au meilleur de son potentiel, il importe d'abord de bien informer les milieux scolaires. Avec une meilleure connaissance de la dyspraxie et de ses conséquences sur l'apprentissage, on peut favoriser l'épanouissement de l'adolescent et le préparer à la vie adulte; cela évite que des problèmes plus graves s'installent, comme les troubles de comportement, le désinvestissement et le décrochage scolaire.

Il reste bien du travail à faire pour développer des services adaptés aux adolescents dyspraxiques. Une solution unique ne peut pas répondre à tous, étant donné la grande diversité des profils et des besoins que ces jeunes présentent. En développant une approche centrée sur les besoins et les compétences personnelles, on s'attarde davantage aux spécificités de chacun et on favorise le développement optimal de son potentiel.

Le monde du travail

Quelles sont les perspectives d'emploi pour les adultes dyspraxiques de demain? Il demeure difficile de répondre à cette question en raison de la grande variabilité dans les niveaux de fonctionnement des adolescents d'aujourd'hui. Toutefois, certaines constantes peuvent orienter la personne dans le choix et le maintien d'un emploi.

D'abord, notons qu'en raison des difficultés de planification et d'organisation qui persistent à l'âge adulte, la personne a besoin d'un travail assez routinier, qui comprend des tâches simples et répétitives. Ces tâches ne doivent pas comporter d'exigences trop élevées, autant sur le plan moteur global, pour ce qui est des déplacements ou de l'endurance physique, que sur le plan moteur fin, qui concerne la coordination ou la dextérité manuelle.

De plus, étant donné la présence de difficultés dans le domaine de l'attention et de la gestion de l'information, le contexte de travail doit être stable et de préférence structuré. De la même façon, les consignes reliées au travail doivent être concises et claires.

Puisque la personne dyspraxique a souvent du mal à maintenir des relations harmonieuses avec plusieurs personnes à la fois, elle a avantage à éviter les emplois qui demandent un travail en équipe ou qui nécessitent des relations avec plusieurs personnes. Une personne dyspraxique évolue mieux dans une tâche plutôt solitaire, avec un minimum d'exigences relationnelles.

Enfin, la lenteur d'exécution et l'anxiété de performance, fréquemment présentes chez la personne dyspraxique, excluent les emplois soumis à des contraintes de temps, de stress et de résultats.

Bien que les incapacités vécues restreignent le choix d'une profession ou d'un métier, l'adulte dyspraxique doit, pour trouver un milieu de travail qui lui permet de se réaliser, s'appuyer sur ses forces, en particulier sur ses compétences langagières en lecture, et sur l'utilisation de moyens compensatoires et d'outils technologiques.

Plusieurs éléments semblent être des facteurs de réussite dans la recherche et le maintien d'un emploi. Le premier facteur serait lié à l'établissement précoce du diagnostic et aux services reçus pendant l'enfance et l'adolescence. En effet, on peut penser que ces adultes ont plus de chance d'avoir trouvé des moyens efficaces de gérer les situations de la vie quotidienne. Deuxièmement, le soutien de la part de la famille immédiate, d'amis ou d'intervenants psychosociaux semble déterminant pour éviter des problèmes plus graves et maximiser ainsi les possibilités de maintenir un emploi.

Ensuite, devant un employeur potentiel, il importe de bien décrire les capacités, les limites et les besoins spécifiques de la personne dyspraxique.

La compréhension et un esprit d'ouverture de la part de l'employeur sont des facteurs clés pour établir les meilleures conditions de travail possible, en lien avec les besoins exprimés. Ces conditions peuvent inclure un parrainage avec un autre employé ou la proximité d'une personne de référence, la mise en place de routines fixes et de repères, ainsi qu'un horaire adapté au rythme de la personne.

Enfin, il semble que la connaissance et l'utilisation de certains outils, comme l'ordinateur, augmentent les possibilités d'emploi.

En conclusion, le portrait décrit reste incomplet, car il n'y a pas d'études à long terme de la clientèle dyspraxique. C'est lorsque nous disposerons de ces données que nous saurons vraiment comment évoluent les enfants dyspraxiques et ce qu'ils deviennent à l'âge adulte. Souhaitons néanmoins que les effets d'une réadaptation précoce et d'une scolarisation appropriée aient une conséquence positive sur l'intégration sociale et sur l'accomplissement de l'adulte dyspraxique.

Que retenir ?

- Le parent est un allié important pour le développement de l'adolescent dyspraxique et la relation avec son jeune peut devenir une occasion privilégiée d'établir une connivence.

- Une réadaptation précoce semble donner à l'enfant devenu adolescent de meilleurs outils pour affronter les nouvelles exigences amenées par l'adolescence.

- L'adolescent dyspraxique vit plusieurs transitions qu'il faut préparer avec grand soin, afin de favoriser son épanouissement et d'éviter des problèmes plus graves.

- Malgré le manque de données sur les perspectives d'avenir de l'enfant dyspraxique, on sait que celui-ci devra compter sur ses forces langagières, sur un bon réseau social et sur la technologie pour pouvoir prendre sa place en société quand il sera devenu adulte.

Pour en savoir plus

BIGGS V. *Caged in Chaos: A dyspraxic guide to breaking free*. London: Jessica Kingsley Publ., 2005.

KIRBY A. et D. SUGDEN. *The Adolescent with Developmental Co-ordination Disorder (DCD)*. London: Jessica Kingsley Publ., 2004.

CHAPITRE 10

CONSEILS ET SUGGESTIONS D'ACTIVITÉS

▼

Le présent chapitre vous propose des conseils pratiques et des suggestions d'activités faciles à réaliser à la maison et qui peuvent contribuer à améliorer les habiletés des enfants ou des adolescents dans différents domaines.

Développer les habiletés manuelles

Conseils généraux

- Pour les activités en position assise à table, s'assurer que la table et la chaise sont adaptées à la taille de l'enfant. Les pieds de l'enfant doivent être à plat sur le sol et les avant-bras reposer sur le dessus de la table, sans élévation des épaules. On peut utiliser un annuaire téléphonique ou une boîte rigide comme appui-pieds pour éviter que les jambes se balancent dans le vide.

- Pour l'enseignement de nouvelles habiletés, miser sur l'imitation et la répétition des mouvements. Faire la nouvelle activité avec l'enfant et se donner en modèle.

- Laisser du matériel facilement accessible à l'enfant pour favoriser ses initiatives.

- Ranger le matériel de jeu et les petits objets dans différents types de contenants, afin de stimuler le développement des habiletés manuelles. Par exemple, on utilise des pots à dévisser, des couvercles à soulever ou encore des sacs à presser.

- Varier les positions de jeu; les activités de motricité fine ne se pratiquent pas seulement assis à la table, mais aussi assis par terre ou à plat ventre au sol, debout devant une murale ou un tableau magnétique.

Suggestions d'activités

- Enfiler des objets de formes et de grandeurs variées sur un lacet: perles, pâtes alimentaires courtes, boutons, pailles coupées, céréales en forme d'anneaux, etc.

- Jouer avec de la pâte à modeler et des outils variés: couteau, rouleau à pâte, roulette, emporte-pièce, pressoir, etc.

- Utiliser différents outils dans les jeux: marteau, tournevis, baguette, pelle, poinçon, etc.

- Prendre et transporter des petits objets avec diverses sortes de pinces: pince à sourcils, pince servant à équeuter les fraises, pinces à olives ou à salade.

- Accrocher des vêtements, des dessins ou des marionnettes sur une corde à l'aide d'épingles à linge, de pinces à cheveux ou de pinces à papier.

- Placer des sous dans une tirelire, jouer avec des marionnettes à doigts, de petites toupies ou un compte-gouttes.

- Déchirer et chiffonner du papier de soie.

- Découper différents types de matériaux: carton ondulé, pailles, pâte à modeler, papier d'aluminium.

Pour poursuivre dans la vie quotidienne

- Au moment du bain, transvider de l'eau d'un contenant à l'autre, tordre des éponges ou une serviette, presser des petits jouets en caoutchouc ou des bouteilles en plastique comprimable, arroser avec une bouteille vaporisatrice.

- Dans la cuisine, brasser un mélange à gâteau, casser et battre des œufs, tartiner du pain, manipuler l'ouvre-boîtes, utiliser l'essoreuse à salade, rouler de la pâte à tarte, transvider dans une tasse à mesurer.

- Ouvrir des cadenas avec des clés, plier une lettre et la placer dans une enveloppe, jouer aux cartes ou brasser des dés, vaporiser des plantes.

- Mettre un point de repère sur la main dominante de l'enfant (bracelet, montre, estampe) pour qu'il apprenne à toujours utiliser la bonne main.

Développer les habiletés graphiques

Conseils généraux

- S'assurer d'une bonne posture assise; pieds et avant-bras appuyés.

- Encourager une prise adéquate du crayon. On peut aider l'enfant à mettre ses doigts au bon endroit en plaçant un point de repère sur le crayon: petit tube de mousse, bande de ruban gommé, autocollant de couleur, petite boule de pâte à modeler.

- Pour stimuler une prise avec les doigts, on peut utiliser un adaptateur triangulaire ou un crayon lui-même de forme triangulaire.

- Varier les positions et les plans de travail.
  - Debout au tableau, au miroir, au chevalet.
  - Assis à la table avec des feuilles de différentes grandeurs.
  - À plat ventre au sol.

- Spécifiquement pour l'écriture, s'assurer de la bonne position de la feuille devant l'enfant: le droitier incline sa feuille légèrement vers la gauche et le gaucher, légèrement vers la droite.

Suggestions d'activités graphiques

- Utiliser différents médiums : crayons variés, peinture et pinceaux, éponges mouillées ou pinceaux-éponges à utiliser sur un tableau, craies régulières ou de trottoirs, crayons à maquillage ou à tissu.

- Placer la feuille sur une surface comportant un relief pour faire apparaître un motif : papier sablé, carton ondulé, moustiquaire, planche de plastique avec dessins en relief, feuilles d'arbre.

- Faire des exercices de coordination œil-main : tracer dans des labyrinthes sur des pointillés ou relier des points.

- Faire des dessins avec des pochoirs ou un canevas, ou encore sur un tableau magnétique.

- Calquer des dessins, à la table ou au mur.

- Utiliser un livre qui donne des modèles de dessins et qui en décortique les étapes.

- Dessiner à l'aide d'un compte-gouttes et de peinture ou d'eau colorée.

- Tracer des lignes et des formes en suivant le rythme d'une musique.

Activités préparatoires à l'écriture (sans crayon)

- Jouer à des jeux de reconnaissance et d'appariement de formes et de lettres.

- Reproduire des formes et des lettres avec des bâtonnets, des rondins de pâtes à modeler, des cordelettes cirées ou des cure-pipes.

- Écrire son prénom ou des mots simples avec des lettres aimantées, des estampes de lettres ou des lettres découpées dans les revues.

- Jouer à des jeux d'observation et de recherche visuelle, comme trouver un détail dans une image ou les différences et ressemblances.

- Toucher et sentir la forme des lettres découpées dans du papier sablé.

Pour poursuivre dans la vie quotidienne

- Faire des cartes de souhaits et s'exercer à signer son nom (avec le crayon ou autre moyen).

- Utiliser une douille ou un tube de glaçage pour décorer un gâteau.

- Reconnaître des lettres sur des enseignes ou des panneaux publicitaires lorsqu'on est en voiture.

- Chercher les lettres du prénom sur les emballages d'aliments ou sur les boîtes de jeux, chercher des petits mots dans des plus grands.

- Utiliser des crayons à effacement à sec sur un miroir ou sur la porte du réfrigérateur.

- Utiliser l'ordinateur en apprenant à manipuler la souris et les touches du clavier.

Développer la conscience du corps et la planification motrice

Conseils généraux

- Décortiquer une tâche motrice, nouvelle ou complexe en plusieurs étapes simples.

- Lors d'une nouvelle activité, faire sentir le mouvement en guidant physiquement les gestes de l'enfant. Nommer les parties du corps sollicitées dans le mouvement.

- Décrire verbalement l'activité à l'enfant et l'encourager à se répéter la consigne dans ses propres mots.

- Référer à des expériences connues pour favoriser le transfert d'acquisitions d'une situation à une autre.

- Accorder plus de temps pour réaliser une activité motrice.

Suggestions d'activités

- Jouer à «Jean dit» ou au «chef d'orchestre», en demandant à l'enfant d'exécuter une action sur consigne verbale ou d'imiter les mouvements du meneur.

- Faire des courses à obstacles, sauter dans des cerceaux, marcher sur une corde au sol ou sur une poutre, marcher sur des coussins, contourner des bornes, etc.

- Faire des jeux avec un métronome ou de la musique, en faisant une séquence de gestes tout en suivant le rythme.

- Marcher à la manière de différents animaux : marcher avec le pas pesant de l'éléphant, sauter comme une grenouille, avancer comme un canard, ramper comme un serpent, galoper comme un cheval, etc.

- Tenir un plateau à deux mains et y faire rouler une bille selon différentes trajectoires.

- Jouer au badminton avec un ballon gonflé, jongler avec des foulards.

- Marcher sur les mains en faisant la brouette ou avancer à plat ventre sur une planche à roulettes.

- Chanter des chansons accompagnées de gestes.

- Jouer à différents jeux de cible : ballon-panier, quilles, fléchettes, poches, etc.

Pour poursuivre dans la vie quotidienne

- Pratiquer des activités physiques, comme la natation, la gymnastique, le karaté ou la danse.

- Cuisiner en suivant une recette.

- Participer à différentes tâches ménagères : plier les vêtements ou les accrocher sur un cintre, passer le balai ou l'aspirateur, essuyer la vaisselle incassable, laver et éplucher les légumes.

Développer les habiletés sensorielles

Conseils généraux

- Maximiser les expériences sensorielles et solliciter plusieurs sens pendant un apprentissage : la vue, le toucher, l'audition, la proprioception (sens de la position du corps dans l'espace) et la kinesthésie (sens du mouvement).

- Offrir des stimulations agréables pour l'enfant et ne pas le forcer devant celles qu'il n'aime pas. Il vaut mieux l'apprivoiser en laissant le matériel à sa disposition et en l'exposant graduellement.

- Offrir un environnement et des activités sûres, qui donnent un sentiment de maîtrise à l'enfant.

- Observer et répéter les activités entraînant du succès et un effet positif dans la vie quotidienne.

- Faire l'essai d'une activité sensorielle à plusieurs reprises. En effet, une activité refusée au premier essai peut être appréciée après quelques fois.

- Cesser une activité sensorielle qui occasionne du stress chez l'enfant.

Conseils pour les enfants qui ont des défenses sensorielles

- Pour l'enfant qui a peur du mouvement dans l'espace.

  - Le tenir fermement lorsqu'on le prend dans nos bras et ne pas le lancer dans les airs.

  - Placer le matelas au sol si l'enfant refuse de dormir dans son lit par crainte de tomber.

  - Lui donner la main ou lui faire tenir la rampe lorsqu'il circule dans les escaliers.

  - L'exposer graduellement aux différents jeux du parc et l'accompagner pour le rassurer.

  - Éviter les changements soudains de position et les positions inhabituelles ou anxiogènes.

- Pour l'enfant qui a des défenses tactiles.

  - Avertir l'enfant avant de lui laver le visage, de lui laver ou de lui couper les cheveux. On peut également appliquer une pression ferme et soutenue sur le dessus de la tête, ce qui peut avoir pour effet d'inhiber les défenses tactiles.

  - Ne pas forcer l'enfant à porter des vêtements dont il n'aime pas la texture ; retirer les étiquettes, tourner les bas à l'envers pour qu'il ne sente pas les coutures.

  - Masser la plante des pieds et faire d'abord marcher l'enfant pieds nus dans la maison sur différentes surfaces, pour l'amener à accepter de marcher à l'extérieur dans le gazon ou sur le sable.

  - Utiliser une couverture lourde dans le lit ou dormir dans un sac de couchage peut contribuer à augmenter le seuil de tolérance de l'enfant aux stimulations tactiles et à l'apaiser.

  - Placer l'enfant en dernier dans le rang, à l'école ou dans les jeux de groupe. Il est alors à même de voir ce qui s'en vient sans se faire surprendre.

- Privilégier le toucher ferme en tout temps plutôt que d'effleurer l'enfant. Éviter de le chatouiller.

- Utiliser une brosse à dents électrique si l'enfant tolère peu le brossage des dents.

• Pour l'enfant intolérant aux bruits et aux odeurs.

- Réduire le bruit à la maison en installant un tapis ou en plaçant des feutres sous les pattes des chaises.

- Faire porter des écouteurs ou des bouchons dans les oreilles, si la stimulation auditive est trop intense.

- Utiliser du shampooing, savon ou détergent sans odeur. Éviter les parfums dans la maison ou la voiture.

- Associer une activité agréable avec une odeur. Par exemple, on peut utiliser des crayons odorants pour augmenter le seuil de tolérance à différentes odeurs.

Suggestions d'activités

• Utiliser des équipements de jeu pour favoriser le mouvement dans l'espace : trampoline, glissade, balançoire, échelle, etc.

• Encourager les jeux corps à corps, les batailles d'oreillers, les jeux de tire à la corde.

• Faire des massages en frottant vigoureusement plusieurs parties du corps, avec les mains ou une brosse douce, ou en roulant un ballon sur l'enfant.

• Faire des roulades au sol sur différents types de surface : tapis, coussins, pente.

• Chercher des objets cachés dans des contenants remplis de lentilles, de riz, de couscous, de pâtes alimentaires, de flocons d'avoine, de sable, etc.

• Dessiner avec de la peinture digitale ou dans la farine, avec de la crème à main ou à raser, avec du pouding ou de la gelée à demi prise, ou encore dans le sable.

- Placer dans un sac des objets de tous les jours, clé, cuillère, sou, brosse à dents, ou efface, et demander à l'enfant de les identifier par le toucher, sans regarder.

- Marcher sur différentes textures dans un parcours : tapis, pièces de tissus variés, fourrure, carton ondulé, papier sablé, boîtes d'œufs vides, plastique à bulles.

- Danser et imiter des mouvements au son et au rythme de la musique. Imiter une statue en restant immobile lorsque la musique arrête.

- Jouer avec des instruments de musique : percussion, instruments à vent (flûte ordinaire et flûte de fête, sifflet, harmonica, etc.), xylophone.

- Remplir des contenants opaques (de type contenants de pellicule pour appareil photo), par paires, avec de petits objets (riz, gravier, sous, pois secs, clous, etc.). L'enfant brasse les contenants, en devine le contenu et associe les paires.

- Utiliser du matériel de jeu odorant : crayons, pâte à modeler.

Pour poursuivre dans la vie quotidienne

- Faire transporter ou pousser des objets lourds : transporter des livres, de grosses boîtes ou un sac d'épicerie, porter un sac à dos, pousser des objets ou un ami dans un panier à linge.

- Dessiner sur le mur de la baignoire avec de la crème à raser ou de la crème à main. Utiliser de la mousse de bain.

- Essuyer et frictionner vigoureusement l'enfant dans une grande serviette à la sortie du bain. Faire des massages avec de la lotion pour le corps.

- Utiliser des crayons à maquillage.

- Laisser différents vêtements à la disposition de l'enfant pour qu'il puisse se déguiser.

- Chapeaux, tuques, casquettes, bandeaux.

- Grands chandails, vestes, châles.

- Bracelets, colliers, foulards, boas, sacs à main.

- Lunettes, faux nez, ceintures.

- Souliers, sandales, bottes, pantoufles.

- Faire, avec l'enfant, de la pâte à modeler ou des décorations de Noël (voir recettes à la fin du chapitre).

Développer les habiletés perceptuelles

Conseils généraux

- Éviter de surcharger l'environnement visuel de l'enfant pour l'aider à s'y retrouver.

- Présenter l'information visuelle de façon simple et structurée.

- Utiliser des indices visuels clairs pour aider l'enfant à se repérer dans l'espace.

- Jumeler des informations provenant de plusieurs sens pour favoriser l'apprentissage.

Suggestions d'activités

- Encourager les jeux de construction avec différents types de blocs ou de pièces à emboîter.

- Favoriser la copie de modèles : avec des blocs, des cartes quadrillées et des jetons, une planche trouée et des chevilles, une planche avec des clous et des élastiques, des points à relier selon différents trajets, des bâtonnets à café, etc.

- Observer divers objets usuels ; les cacher et les nommer de mémoire. Observer un dessin et le refaire de mémoire.

- Observer une image ou un objet, trouver ensuite l'élément manquant.

- Décoder des messages écrits avec plusieurs symboles en référant à une légende.

- Utiliser différents cahiers de jeux, jeux de société (bataille navale, Tic-tac-to, jeux de mémoire, etc.), jeux de séquences et de matrices.

Activités préparatoires à la lecture

- Jouer avec une lampe de poche dans une pièce sombre.

  - Jeu de poursuite : l'enfant suit avec sa lampe de poche un trajet de lumière fait par l'adulte.

  - Jeu de tag : l'adulte fait apparaître sa lumière à un endroit, puis l'éteint. L'enfant doit diriger sa lumière au même endroit.

- Stimuler les habiletés de recherche visuelle.

  - Trouver les ressemblances ou les différences entre deux images, trouver certains détails dans une image, trouver les erreurs.

  - Encercler une lettre ou un symbole cible dans une page.

  - Faire décrire une image ou un objet en nommant le plus de détails possible.

- Lire des histoires à l'enfant, commenter ensemble la page couverture ou les images.

Pour poursuivre dans la vie quotidienne

- Fabriquer des casse-tête en découpant un dessin ou une image dans une revue.

- Cacher une surprise dans une pièce et faire un plan pour permettre à l'enfant de le trouver.

- Regarder une carte routière, un globe terrestre ou un plan de ville.

Développer les habiletés d'organisation à la tâche et de résolution de problèmes

Conseils généraux

- Donner des repères visuels et mettre en évidence seulement l'information utile pour la tâche en cours.

- Créer des habitudes et établir des routines, par exemple, la routine du matin, la période d'études, la routine du coucher, etc.

- Structurer l'environnement : aménager un endroit de travail stable, isolé du bruit et des sources de distraction et ne garder que le matériel nécessaire à la portée.

- Avant de débuter une tâche ou un jeu, encourager l'enfant à reformuler la consigne dans ses propres mots.

- Devant un problème, référer à des expériences connues ou vécues par l'enfant. Lui faire nommer les stratégies qu'il a déjà utilisées.

- Enseigner à l'enfant une méthode de résolution de problèmes qui comporte.

  a) Identification et définition du problème.

  b) Choix de solutions et plan d'action.

  c) Exécution et gestion de l'action.

  d) Évaluation et correction.

- Développer l'autocritique et la capacité de rétroaction de l'enfant.

- Simplifier les consignes et clarifier les demandes faites à l'enfant.

Suggestions d'outils et de trucs utiles

- Donner des repères visuels : placer un point qui indique le début des instructions écrites, mettre en évidence une ligne à tracer ou à découper, mettre une flèche indiquant la direction à suivre, utiliser une cache pour éliminer le surplus d'informations.

- Utiliser des outils aidant à se repérer dans le temps : calendrier, agenda, minuterie (sonore ou vibrante), horloge visuelle, cadran numérique, sablier, gommette sur les chiffres de l'horloge, etc.

- Illustrer chaque étape d'une activité ou les différents moments de la journée à l'aide de pictogrammes, de photos de l'enfant en activité ou d'images découpées dans une revue.

- Bâtir un aide-mémoire des étapes de résolution de problème, en utilisant un mot ou une illustration connue de l'enfant.

- Avoir un mot-clé ou un code permettant à l'enfant de savoir qu'il est temps de se mettre à la tâche. Cela sera, par exemple, « au travail », « 1-2-3 partez », éteindre et rallumer la lumière, etc.

- Pour aider l'enfant à se représenter le temps, associer des périodes définies à des activités connues. Par exemple, une demi-heure équivaut au temps d'une émission de télévision, une heure équivaut au trajet de voiture pour se rendre chez grand-maman, 10 minutes équivalent au temps pour se rendre à l'école à pied, etc.

Développer l'autonomie dans les activités de la vie quotidienne à la maison

Pour l'alimentation

- S'assurer que l'enfant a une posture assise confortable et adéquate (voir motricité fine).

- Utiliser des ustensiles avec un manche plus gros ou plus lourd.

- Habituer l'enfant à ne pas parler en mangeant.

- Encourager l'enfant à terminer son repas dans un temps raisonnable. Utiliser au besoin des points de repère : minuterie du four, horloge visuelle.

Pour l'habillage

- Faire porter à l'enfant des vêtements faciles à mettre et à enlever : chandail plutôt que chemise, pantalon à taille élastique, souliers à velcro, vêtements plutôt amples que serrés.

- Aider l'enfant à retenir dans quel ordre mettre ses vêtements en lui illustrant la séquence à l'aide d'images (pictogrammes ou dessins) ou en lui apprenant une petite comptine. Ces moyens peuvent être également utilisés pour apprendre une tâche plus complexe comme lacer les souliers ou nouer un foulard.

- Placer des points de repère sur les vêtements ou dans les souliers pour que l'enfant sache dans quel sens les mettre. Par exemple, faire de petites flèches à l'intérieur des souliers (faces internes), coudre un motif de couleur pour indiquer l'arrière d'un vêtement ou enseigner à l'enfant à se fier à l'étiquette

- Pratiquer des tâches qui requièrent plus d'habiletés, d'abord dans des moments sans stress ni contrainte de temps (ex : faire un nœud ou une boucle, boutonner, enclencher une fermeture éclair, etc.). Ce n'est que lorsque la tâche est maîtrisée qu'elle peut être intégrée à la routine de l'enfant.

Pour les soins personnels

- Décortiquer certaines activités en plusieurs étapes et illustrer chacune d'elles à l'aide d'images. Placer la séquence d'images à la portée de l'enfant pour qu'il puisse y recourir en faisant l'activité. Illustrer, par exemple, la séquence du brossage des dents, du lavage des mains, la routine du bain ou du coucher.

- Utiliser un miroir pour faciliter certaines activités : brosser les dents, peigner les cheveux, se moucher, etc.

Rangement

- Utiliser des bacs empilables ou des paniers pour faciliter le rangement des jouets.

- Placer une image du contenu sur chacun des bacs.

Faciliter les devoirs et développer des méthodes d'étude

Pour aider les enfants au primaire

- Aménager un poste de travail.
    - Faire les devoirs toujours au même endroit, loin des sources de bruit et de distractions.
    - Surveiller la posture assise, utiliser un bureau et une chaise ajustés à la grandeur de l'enfant.

- Faire les devoirs à un moment fixe, en tenant compte de la disponibilité et du niveau de fatigue de l'enfant.

- Allouer un temps raisonnable pour la période de devoirs et gérer la quantité de travail à faire chaque soir.

- Regarder l'agenda scolaire avec l'enfant et lui enseigner à s'en servir efficacement.
    - Réviser les devoirs de la journée, de la semaine.

- Vérifier si tout est écrit dans l'agenda et si l'enfant comprend ce qu'il doit faire.

- Cocher ou surligner les tâches accomplies.

- Pour améliorer la compréhension en lecture.

  - Demander à l'enfant de surligner les mots importants de la phrase ou du paragraphe.

  - Demander à l'enfant de réexpliquer dans ses mots ce qu'il vient de lire. Commencer par une phrase, puis étendre à un paragraphe, et ensuite à un court texte.

- Pour aider l'enfant à composer une histoire.

  - Utiliser le soutien d'images et inciter l'enfant à décrire ce qu'il voit, au lieu de simplement chercher dans sa tête.

  - Bâtir un canevas et structurer l'histoire en utilisant les mots clés, comme *qui, quoi, quand* et *pourquoi*.

  - Faire en sorte que l'écriture ne soit pas un obstacle à la créativité. Le parent peut écrire les idées de l'enfant, que lui-même mettra au propre par la suite, de façon manuscrite ou à l'ordinateur.

- Pour faciliter l'apprentissage des mathématiques.

  - Utiliser des objets concrets pour compter, additionner et soustraire, ou mettre en évidence les notions de géométrie. Utiliser des objets qui s'encastrent l'un dans l'autre pour illustrer la notion de séquence et de nombres croissants et décroissants.

  - Apprendre les tables d'addition, de soustraction ou de multiplication en plaçant les opérations par colonnes et en y associant une séquence de couleurs. Par exemple, en suivant les couleurs de l'arc-en-ciel, associer le rouge à la table de 1, le orangé à la table de 2, le jaune à la table de 3, etc.

- Féliciter et récompenser l'enfant pour ses efforts.

Pour les jeunes du secondaire

- Faire en sorte que le jeune dispose d'un bureau de travail approprié, dans une pièce fermée, avec les outils nécessaires (ordinateur, magnétophone, calculatrice, etc.).

- Utiliser des écouteurs (sans musique) ou des bouchons pour les oreilles pour réduire les sources de distraction auditive.

- Faire une utilisation efficace de l'agenda.

- Établir les priorités, en se posant les questions suivantes.

  - Dans les tâches à faire, quelles sont celles qui sont urgentes ? Par exemple, étudier pour l'examen du lendemain.

  - Dans les tâches à faire, quelles sont celles qui sont importantes, mais que l'on peut remettre à plus tard ? Par exemple, commencer un travail devant être remis la semaine suivante.

  - Dans les tâches à faire, quelles sont celles qui, bien que ni urgentes ni importantes, seraient agréables ? Par exemple, chercher une image à l'ordinateur pour la page couverture d'une recherche.

- Encourager l'adolescent à estimer le temps requis et à connaître son rythme.

  - Estimer le temps que prendra un travail ou l'étude d'un examen, avant de débuter.

  - Chronométrer la tâche ou calculer le temps nécessaire pour l'accomplir.

  - Comparer le temps estimé au temps réel de réalisation.

- Planifier et répartir le travail.

  - Diviser la tâche ciblée en plusieurs étapes.

  - Faire un plan.

- Répartir chaque étape dans le temps et les noter dans l'horaire ou l'agenda pour rencontrer l'échéance.

- Utiliser différents outils pour faciliter l'organisation : tableau effaçable à sec pour noter l'horaire de la semaine, grille à cocher, cadran.

- Utiliser divers moyens pour faciliter la mémorisation.

  - Associer l'information à mémoriser avec une idée, une image, un mouvement.

  - Bâtir une séquence, composer une rime ou une phrase servant de rappel.

  - Organiser l'information visuelle en utilisant les couleurs, en divisant l'espace de la feuille, en changeant la disposition de l'information.

  - Verbaliser à haute voix les notions à apprendre, les associer à une chanson, à un rythme.

Choisir et favoriser la participation à des activités de loisirs

Conseils généraux

- Initier l'enfant à une nouvelle activité motrice en individuel plutôt qu'en groupe. Démontrer et guider physiquement le mouvement.

- Enseigner les règles d'un jeu avant de se mettre en action. Donner des directives claires et explicites.

- Accorder plus de temps pour l'apprentissage d'une nouvelle activité motrice. Permettre à l'enfant de s'exercer plus longtemps avant d'apprendre quelque chose de nouveau.

- Miser sur la participation et le plaisir de l'enfant. Éviter une trop grande composante de compétition.

- Adapter le matériel et l'activité.

  - En permettant plus d'un rebond du ballon ou de la balle.

  - En utilisant des repères de couleurs dans l'espace de jeu, sur une cible, sur les joueurs.

  - En raccourcissant les manches de raquettes.

  - En attachant un ruban à une balle ou à un volant.

  - En utilisant un ballon plus léger ou plus lourd.

- Expliquer la dyspraxie et les besoins de l'enfant à l'entraîneur ou à l'enseignant.

Suggestions d'activités

- Les sports d'équipe peuvent être expérimentés, selon la motivation de l'enfant, surtout en bas âge, lorsque le niveau de compétition n'est pas trop élevé. On pense au soccer, à la balle molle, au ballon-panier, au hockey ou à la ringuette.

- L'enfant dyspraxique a tendance à se sentir plus à l'aise et à mieux réussir dans les sports ou activités physiques qui se pratiquent de façon individuelle. Parmi ceux-ci, on trouve la natation, la course, la bicyclette, le ski, le patinage, les arts martiaux, la gymnastique, la danse, etc.

- L'enfant peut également participer à des activités récréatives, non sportives, où il exploite ses habiletés. Par exemple, des ateliers de théâtre, des cours de musique (percussions, xylophone), une chorale, le mouvement scout ou un club jeunesse (comme les petits débrouillards).

- Avec le temps et l'âge, d'autres activités physiques et sportives peuvent s'ajouter. Ces activités, pour être pratiquées avec régularité et satisfaction, doivent inclure certaines conditions, dont l'absence de pression et de compétition, la possibilité d'évoluer à son propre rythme, la répétition des mêmes actions motrices. Le jogging, le canotage en lac, l'équitation, le patins à roues alignées, le cyclisme et la randonnée pédestre en sont de bons exemples.

Recettes

Recette de pâte à modeler

Ingrédients :

2 tasses de farine

1 tasse de sel

4 c. à thé de crème de tartre

2 tasses d'eau

4 c. à soupe d'huile végétale

Facultatif : colorant alimentaire

vanille, extrait d'amande ou autre,

sable (pour ajouter de la texture)

Préparation :

1. Dans un grand chaudron, mélanger farine, sel, crème de tartre, eau et huile.

2. Cuire à feu doux jusqu'à ce que le mélange forme une boule.

3. Laisser refroidir.

Ajouter les ingrédients facultatifs.

5. Garder la pâte à modeler dans un contenant hermétique. Bien que la réfrigération ne soit pas nécessaire, elle aidera à conserver la pâte plus longtemps.

Recette de pâte pour décorations de Noël

Ingrédients :

½ tasse de cannelle

½ tasse de compote de pommes

1 c. à thé de colle blanche (optionnel)

Préparation :

1. Mélanger les trois ingrédients avec les mains dans un grand bol, jusqu'à l'obtention d'une pâte homogène. Si l'enfant refuse de toucher au mélange, on peut le placer dans un grand sac refermable (de type ziploc) et presser le sac.

2. Rouler la pâte sur une tôle à biscuits ou sur une feuille de papier ciré, à l'aide d'un rouleau à pâte, jusqu'à une épaisseur de ½ pouce.

3. Utiliser des emporte-pièce pour découper différentes formes.

4. À l'aide d'un cure-dent, percer un trou dans le haut de chaque décoration.

5. Laisser sécher à l'air pendant 12 heures.

6. Placer un ruban dans le trou pour pouvoir suspendre la décoration.

Pour en savoir plus

CANTER L. et L. HAUSNER. *Devoirs sans larmes*. Montréal : Éditions de la Chenelière, 1995.

DAIGNEAULT G., J. LEBLANC. *Des idées plein la tête : exercices axés sur le développement cognitif et moteur*. Montréal : Éd. Chenelière/McGraw-Hill, 2003.

DEMERS D., Y. LAVIGUEUR, G. GUINDON, et I. CRÉPEAU. *La bibliothèque des enfants : des trésors pour les 0 à 9 ans.* Montréal : Québec/Amérique Jeunesse, 1995.

GAGNÉ P.P. *Pour apprendre à mieux penser.* Montréal : Éd. Chenelière/ McGraw-Hill, 1999.

CONCLUSION

▼

En conclusion, retenons que la dyspraxie est une atteinte neurologique dont l'origine n'est pas liée à des comportements ou à des actions particulières posées par les parents. Bien que cette condition s'avère permanente et représente la mission de vie de la personne dyspraxique et de sa famille, il lui sera possible de vivre une vie harmonieuse.

C'est tout d'abord par l'éducation de divers milieux, monde médical et de réadaptation, services de garde, écoles et milieux communautaires, qu'on favorise l'amélioration des conditions de vie d'une personne dyspraxique. En effet, une meilleure connaissance des manifestations de la dyspraxie permet un diagnostic précoce et amène plus rapidement des actions efficaces par la famille ainsi que des interventions pertinentes par les services de réadaptation.

En second lieu, le cheminement vers l'acceptation du diagnostic permet à la famille d'aider et de soutenir l'enfant dans son épanouissement. Parler ouvertement de la dyspraxie à la maison, dans la famille, à l'école, contribue à dédramatiser le handicap et à valoriser l'enfant tel qu'il est.

Enfin, le regroupement des gens concernés par le problème de la dyspraxie constitue un outil important dans le développement de nouvelles ressources. En plus d'encourager la formation d'un réseau de soutien et d'échange, un regroupement, sous forme d'association de parents, groupe d'intérêt ou autre, permet d'unir les forces, de partager le poids des actions à poser et de représenter les intérêts des enfants.

En tant que parent et intervenant, nous souhaitons que le présent ouvrage puisse contribuer à l'éducation et à la reconnaissance de la dyspraxie, ainsi qu'à l'actualisation du potentiel des enfants dyspraxiques.

BIBLIOGRAPHIE

▼

Livres

ADDY L. *How to Understand and Support Children with Dyspraxia.* Cambridge : LDA, 2003.

AYRES A.J. *Sensory Integration and Learning Disorders.* Los Angeles : Western Psychological Services, 1972.

AYRES A.J. *Sensory Integration and the Child.* Los Angeles : Western Psychological Services, 1979.

BARTHEL K. *Evidence and Art : Merging forces in pediatric therapy.* Victoria, B.C. : Labyrinth Therapies, 2004.

BEAULIEU D. *Une centaine de trucs simples pour améliorer les relations avec votre adolescent (11 ans et plus).* 3e éd. Lac-Beauport : Éditions Académie Impact, 2001.

BIGGS V. *Caged in Chaos : A dyspraxic guide to breaking free.* London : Jessica Kingsley Publ., 2005.

BOON M. *Helping Children with Dyspraxia.* London : Jessica Kingsley Publ., 2001.

BUNDY A., S.J. LANE et E.A. MURRAY. *Sensory Integration : Theory and practice.* 2nd ed. Philadelphia : FA Davis Co., 2002.

CERMAK S.A. et D. LARKIN. *Developmental Coordination Disorder.* Albany, NY. : Delmar, 2002.

CHARRON G. *Guide d'accompagnement pour les parents : Le plan d'intervention.* Sherbrooke : Association québécoise des parents d'enfants handicapés visuels, 2003.

COLLÈGE DES MÉDECINS DU QUÉBEC ET L'ORDRE DES PSYCHOLOGUES DU QUÉBEC. *Le trouble déficit de l'attention/hyperactivité et l'usage de stimulants du système nerveux central – Lignes directrices du Collège des médecins du Québec et de l'Ordre des psychologues du Québec*. Montréal, Collège des médecins du Québec, 2001.

DAIGNEAULT G., J. LEBLANC. *Des idées plein la tête : exercices axés sur le développement cognitif et moteur*. Montréal : Éd. Chenelière/McGraw-Hill, 2003.

DUNN KLEIN M., *Pre-Scissors Skills*. Arizona : Therapy Skill Builders, 1987.

FERLAND F. *Le modèle ludique : le jeu, l'enfant avec déficience et l'ergothérapie*. Montréal : Presses de l'Université de Montréal, 1994.

KIRBY A. et D. SUGDEN. *The Adolescent with Developmental Co-ordination Disorder (DCD)*. London : Jessica Kingsley Publ., 2004.

KRANOWITZ C. *The Out-of-Sync Child Has Fun : Activities for kids with sensory integration dysfunction*. New York : Berkley Publ. Group, 2003.

LEVINE M. *A Mind at a Time*. New York : Simon and Schuster, 2002.

LEVINE JOHNSON K. *Fine Motor Dysfunction : Therapeutic strategies in the classroom*. Arizona : Therapy Skill Builders, 1987.

LUSSIER F. et J. FLESSAS. *Neuropsychologie de l'enfant : troubles développementaux et de l'apprentissage*. Paris, Dunod, 2001.

MAZEAU M. *Conduite du bilan neuropsychologique chez l'enfant*. Paris : Masson, 2003.

MAZEAU M. *Déficits visuo-spatiaux et dyspraxie de l'enfant*. Paris : Masson, 1995.

ORGANISATION MONDIALE DE LA SANTÉ. *Classification internationale du fonctionnement, du handicap et de la santé*. Genève : OMS, 2001.

PORTWOOD M. *Developmental Dyspraxia - Identification and Intervention : A manual for parents and professionals*. 2nd. ed. London : David Fulton Publ., 1999.

RIPLEY K., B. DAINES et J. BARRETT. *Dyspraxia : A guide for teachers and parents*. London : David Fulton Publ., 1997.

ROBERT J. *Te laisse pas faire: Les abus sexuels expliqués aux enfants.* Montréal: Éditions de l'Homme, 2000.

ROULEAU N. *Méthode d'enseignement multisensorielle de la calligraphie ABC Boum!* Montréal.

ROUSSEAU N. *Pour une pédagogie de la sollicitude - Troubles d'apprentissage: sensibilisation et intervention.* Sainte-Foy: Septembre Éditeur, 2004.

Articles

BOEING B. «Playing around, creating a place to play and learn». *NDTA Network* Nov-Dec 2004.

CHU, S. «Children with developmental dyspraxia- information for parents and teachers». *Dyspraxia Foundation* 1995.

CHU, S., «Occupational therapy for children with developmental dysraxia» *Dyspraxia Foundation* 1989.

DEWEY D. «What is Developmental Dyspraxia?» *Brain and Cognition* 1995 29: 254-274.

DEWEY D. et B.N. WILSON. «Developmental Coordination Disorder: What is it?» *Physical and Occupational Therapy in Pediatrics* 2001 vol. 20 (2/3).

LEBLANC B. «Des mains de magiciens». *Magazine Enfants Québec* Avril 2005.

MISSIUNA C. «Une pauvre écriture est souvent le symptôme d'un trouble plus important: les enfants ayant des troubles du développement de la coordination». *Actualités ergothérapiques* sept-oct 2002.

MISSIUNA C. et H.J. POLATAJKO. «Developmental dyspraxia by any other name: are they all just clumsy children?» *American Journal of Occupational Therapy* 1995 vol. 49 (7).

SANGSTER C.A., C. BENINGER, H.J. POLATAJKO et A. MANDICH. «Cognitive strategy generation in children with developmental coordination disorder». *Canadian Journal of Occupational Therapy* 2005 vol. 72 (2).

SAUNDERS D. «Habiletés préparatoires à l'écriture pour les enfants de moins de 5 ans». *Actualités Ergothérapiques* mai-juin 2002.

STEWART D. et D. CAMERON. «Tous les enfants aiment jouer». *Actualités Ergothérapiques* mars-avril 2001.

Ressources

▼

Suggestions de livres

Pour les enfants

De Saint Mars, Dominique.
Max est maladroit.
Fribourg : Calligram, 1996. 45 p.
(Max et Lili) (Ainsi va la vie)
6 ans +

Pour les parents

Geuze, Reint H.

Le trouble de l'acquisition et de la coordination : évaluation et rééducation de la maladresse chez l'enfant.
Marseille : Solar, 2005. 240 p.

Documents sur Internet

« Le plan d'intervention personnalisé de l'élève »
www.planintervention.net

MAZEAU M. « Permettre ou faciliter la scolarité de l'enfant dyspraxique »
www.coridys.asso.fr (Rubrique « Aide aux enfants »)

MAZEAU M. « Dyspraxies de l'enfant et répercussions scolaires »
www.afpa.org/groupes/visu.php ?num=8

MISSIUNA C. et N. POLLOCK. « Les enfants ayant des troubles moteurs en prématernelle et maternelle »
www.canchild.ca/Portals/0/education_materials/pdf/MATCHFrJKSK.pdf

MISSIUNA C. et N. POLLOCK. « Les enfants ayant des troubles moteurs en 1ere et en 2e année : Ressources à l'intention des éducateurs »
www.canchild.ca/Portals/0/education_materials/pdf/MATCHFrGr12.pdf

MISSIUNA C. et N. POLLOCK. « Les enfants ayant des troubles moteurs en 3e année et en 4e année : Ressources à l'intention des éducateurs »
www.canchild.ca/Portals/0/education_materials/pdf/MATCHFrGr34.pdf

MISSIUNA C. et N. POLLOCK. « Les enfants ayant des troubles moteurs en 5e année et en 6e année : Ressources à l'intention des éducateurs »
www.canchild.ca/Portals/0/education_materials/pdf/MATCHFrGr56.pdf

MISSIUNA C. et N. POLLOCK. « Les enfants ayant des troubles moteurs en 7e année et en 8e année : Ressources à l'intention des éducateurs »
www.canchild.ca/Portals/0/education_materials/pdf/MATCHFrGr78.pdf

MISSIUNA C. « Les enfants présentant un trouble de l'acquisition de la coordination : stratégies pour mieux réussir à la maison et en classe ».
www.canchild.ca/portals/0/reports/pdf/French_DCD_Booklet.pdf

MISSIUNA C. « Les enfants présentant des troubles d'apprentissage ».
www.otworks.com/otworks_page_fr.asp?pageID=695

RIVARD L. et C. MISSIUNA. « Encouraging participation in physical activities for children with Developmental Coordination Disorder ».
www.canchild.ca/Portals/0/education_materials/pdf/DCDPhysAct_Dec9Final.pdf

STENNEVIN, J.M. « La dyspraxie : ce handicap aussi nommé "handicap invisible" ».
www.motsamots.org/articles/96.htm

TOOMEY M. « Conseils pour la rentrée à l'intention des parents. L'agenda scolaire : un moyen d'aider les enfants à gérer leur temps ».
www.otworks.com/otworks_page_fr.asp?pageID=708

Organismes, programmes d'aide et sites Internet utiles

Association québécoise pour les enfants dyspraxiques (AQED)
Case Postale 26024
Sherbrooke (Québec)
Canada J1G 4J9
Association regroupant des parents et des enfants dyspraxiques du Québec.

The Dyspraxia Foundation
8, West Alley
Hitchin Herts
United Kingdom SG5 1EG
Ligne d'entraide : 01462 454 986 (10 am - 1 pm) du lundi au vendredi
Fax : 01462 455 052
Courriel : dyspraxia@dyspraxiafoundation.org.uk
Site web : www.dyspraxiafoundation.org.uk
Fondation regroupant des parents, des enfants et des adultes dyspraxiques du Royaume-Uni.

Dyspraxique mais fantastique
8, chemin des Eycellets
30150 Montfaucon France
Téléphone : 06.16.74.96.38
Courriel : asso@dyspraxie.org
Site web : www.dyspraxie.org et www.dyspraxie.info
Association regroupant des parents, des enfants et des adultes dyspraxiques de la France

Office des personnes handicapées du Québec (OPHQ)
309, rue Brock
Drummondville (Québec)
Canada J2B 1C5
Téléphone : 819 475-8585 ou 1 800 567-1465
Téléscripteur : 1 800 567-1477
Fax : 819 475-8467
Site web : www.ophq.gouv.qc.ca

Services d'aide et de soutien
aux personnes handicapées du Québec

Vignette d'accompagnement touristique et de loisir pour les personnes handicapées (VATL)
Site web : www.vatl-tlcs.org
Cette vignette permet à une personne handicapée d'être accompagnée gratuitement par une personne de son choix pour certaines activités culturelles et de loisir.

Le supplément pour enfant handicapé
Régie des rentes du Québec
Site web : www.rrq.gouv.qc.ca/fr/enfants/enfant_handicape
Le supplément pour enfant handicapé est une aide financière, s'adressant aux résidents québécois et qui a pour but d'aider les familles à assumer la garde, les soins et l'éducation d'un enfant dont **le handicap physique ou mental est marqué**. Cette aide financière est la même pour tous les enfants reconnus handicapés par la Régie, quel que soit le revenu familial ou le handicap.

La prestation pour enfants handicapés (PEH)
Agence de revenu du Canada
Site web : www.cra-arc.gc.ca/benefits/disability-f.html
Liste des bureaux régionaux des services fiscaux
Site web : www.cra-arc.gc.ca/contact/prov/qc-f.html

La prestation pour enfants handicapés (PEH) est une prestation non imposable, s'adressant aux résidents canadiens et destinée aux familles à revenu faible ou modeste qui subviennent aux besoins d'un enfant de moins de 18 ans atteint d'une déficience mentale ou physique grave et prolongée.

Programme d'allocation pour les besoins particuliers
Ministère de l'Éducation du Québec
Service de l'accueil et des renseignements, Aide financière aux études
Site web : www.afe.gouv.qc.ca/renseigner/autresProgrammes/index AutresProgrammes.asp

Il est possible de bénéficier d'une allocation si l'enfant est atteint d'une déficience fonctionnelle majeure qui exige un besoin en ressources matérielles particulières afin de poursuivre des études (ex : ordinateur). Ce programme s'adresse aux résidents québécois seulement.

Commission des droits de la personne et des droits de la jeunesse du Québec
Site web : www.cdpdj.qc.ca
La Commission a pour mission de veiller à la promotion et au respect des droits au Québec. Peut porter plainte à la Commission toute personne ou tout groupe de personnes qui se croit victime d'une violation de ses droits relevant de la compétence de la Commission (discrimination, harcèlement, exploitation de personnes âgées ou handicapées).

Dyspractic Teens Forum
Site web : www.dyspraxicteens.org.uk
Forum Internet s'adressant aux adolescents dyspraxiques http://www.darlen.co.uk/dyspraxicteen. On y trouve beaucoup de conseils et un excellent groupe de soutien. C'est un site fait par des adolescents, pour des adolescents. [En anglais seulement]

Matthew's Hideout
Site web : www.matts-hideout.co.uk
Excellent site britannique offrant conseils et soutien. [En anglais seulement]

Forum Internet sur la dyspraxie
Site web : http://fr.ca.msnusers.com/Dyspraxie/bienvenue1.msnw
Forum s'adressant aux parents, enfants, adolescents et adultes dyspraxiques francophones.

CanChild
Site web : www.canchild.ca
CanChild est un centre de recherche pour les enfants avec incapacités motrices, qui cherche à améliorer la qualité de vie des enfants et de leur famille. Il emploie l'appellation « trouble d'acquisition de la coordination (Developmental Coordination Disorder) » plutôt que dys-

praxie. Le site est en anglais, mais plusieurs documents sont disponibles en français.

Note :

Les auteurs du présent ouvrage se dégagent de toute responsabilité en lien avec ces adresses, sites Internet et programmes d'aide et de soutien. Ces données sont présentées seulement à titre informatif.

Accompagner son enfant prématuré
De la naissance à 5 ans
Sylvie Louis

Ce guide très pratique aide le parent démuni à apprivoiser le monde inconnu dans lequel lui et son bébé ont été projetés, à comprendre les notions médicales, à faire équipe avec les soignants, à s'investir auprès de son tout-petit, à mieux s'en sortir lors du retour à la maison et à accompagner l'enfant dans son développement jusqu'à cinq ans.

ISBN 978-2-89619-085-0   2007/256 p.

Ados : mode d'emploi
Michel Delagrave

Devant le désir croissant d'indépendance de l'adolescent et face à ses choix, les parents développent facilement un sentiment d'impuissance. Dans un style simple et direct, l'auteur leur donne diverses pistes de réflexion et d'action.

ISBN 2-89619-016-3   2005/176 p.

Aide-moi à te parler !
La communication parent-enfant
Gilles Julien

L'importance de la communication parent-enfant, ses impacts, sa force, sa nécessité. Des histoires vécues sur la responsabilité fondamentale de l'adulte : l'écoute, le respect et l'amour des enfants.

ISBN 2-922770-96-6   2004/144 p.

Aider à prévenir le suicide chez les jeunes
Un livre pour les parents
Michèle Lambin

Reconnaître les indices symptomatiques, comprendre ce qui se passe et contribuer efficacement à la prévention du suicide chez les jeunes.

ISBN 2-922770-71-0   2004/272 p.

L'allaitement maternel
(2ᵉ édition)
Comité pour la promotion de l'allaitement maternel
de l'Hôpital Sainte-Justine

Le lait maternel est le meilleur aliment pour le bébé. Tous les conseils pratiques pour faire de l'allaitement une expérience réussie!

ISBN 2-922770-57-5   2002/104 p.

Apprivoiser l'hyperactivité et le déficit de l'attention
Colette Sauvé

Une gamme de moyens d'action dynamiques pour aider l'enfant hyperactif à s'épanouir dans sa famille et à l'école.

ISBN 2-921858-86-X   2000/96 p.

L'asthme chez l'enfant
Pour une prise en charge efficace
Sous la direction de Denis Bérubé, Sylvie Laporte et Robert L. Thivierge

Un guide pour mieux comprendre l'asthme, pour mieux prévenir cette condition et pour bien prendre soin de l'enfant asthmatique.

ISBN 2-89619-057-0   2006/168 p.

Au-delà de la déficience physique ou intellectuelle
Un enfant à découvrir
Francine Ferland

Comment ne pas laisser la déficience prendre toute la place dans la vie familiale? Comment favoriser le développement de cet enfant et découvrir le plaisir avec lui?

ISBN 2-922770-09-5   2001/232 p.

Au fil des jours... après l'accouchement
L'équipe de périnatalité de l'Hôpital Sainte-Justine

Un guide précieux pour répondre aux questions pratiques de la nouvelle accouchée et de sa famille durant les premiers mois suivant l'arrivée de bébé.

ISBN 2-922770-18-4   2001/96 p.

Enfin je dors... et mes parents aussi
Le sommeil chez l'enfant
Evelyne Martello
L'enfant a besoin d'un bon sommeil pour se développer. Comment favoriser chez lui une bonne routine de sommeil et comment faire face à certaines situations et problèmes particuliers? Pour le parent aussi, c'est un passeport pour de meilleures nuits de sommeil.
ISBN 978-2-89619-082-9   2007/168 p.

L'épilepsie chez l'enfant et l'adolescent
Anne Lortie, Michel Vanasse et al.
Tous les aspects médicaux et psychosociaux de ce trouble neurologique sont abordés : notions générales, diagnostic, traitement, recherche, soutien communautaire et psychosocial...
ISBN 978-2-89619-070-6   2007/224 pages

L'estime de soi des adolescents
Germain Duclos, Danielle Laporte et Jacques Ross
Comment faire vivre un sentiment de confiance à son adolescent? Comment l'aider à se connaître? Comment le guider dans la découverte de stratégies menant au succès?
ISBN 2-922770-42-7   2002/96 p.

L'estime de soi des 6-12 ans
Danielle Laporte et Lise Sévigny
Une démarche simple pour apprendre à connaître son enfant et reconnaître ses forces et ses qualités, l'aider à s'intégrer et lui faire vivre des succès.
ISBN 2-922770-44-3   2002/112 p.

L'estime de soi, un passeport pour la vie (2ᵉ édition)
Germain Duclos
Pour développer des attitudes éducatives positives qui aideront l'enfant à acquérir une meilleure connaissance de sa valeur personnelle.
ISBN 2-922770-87-7   2004/248 p.

Et si on jouait?
Le jeu durant l'enfance et pour toute la vie
(2e édition)
Francine Ferland

Les différents aspects du jeu présentés aux parents et aux intervenants: information détaillée, nombreuses suggestions de matériel et d'activités.

ISBN 2-89619-035-X   2005/212 p.

Être parent, une affaire de cœur
(2e édition)
Danielle Laporte

Des textes pleins de sensibilité, qui invitent chaque parent à découvrir son enfant et à le soutenir dans son développement. Une série de portraits saisissants: l'enfant timide, agressif, solitaire, fugueur, déprimé, etc.

ISBN 2-89619-021-X   2005/280 p.

Famille, qu'apportes-tu à l'enfant?
Michel Lemay

Une réflexion approfondie sur les fonctions de chaque protagoniste de la famille, père, mère, enfant... et les différentes situations familiales.

ISBN 2-922770-11-7   2001/216 p.

La famille recomposée
Une famille composée sur un air différent
Marie-Christine Saint-Jacques et Claudine Parent

Comment vivre ce grand défi? Le point de vue des adultes (parents, beaux-parents, conjoints) et des enfants impliqués dans cette nouvelle union.

ISBN 2-922770-33-8   2002/144 p.

Favoriser l'estime de soi des 0-6 ans
Danielle Laporte

Comment amener le tout-petit à se sentir en sécurité? Comment l'aider à développer son identité? Comment le guider pour qu'il connaisse des réussites?

ISBN 2-922770-43-5   2002/112 p.

Le grand monde des petits de 0 à 5 ans

Sylvie Bourcier

Ce livre nous présente la conception du monde que se font les enfants de 0 à 5 ans. Il constitue une description imagée et vivante de leur développement.

ISBN 2-89619-063-5   2006/168 p.

Grands-parents aujourd'hui · Plaisirs et pièges

Francine Ferland

Les caractéristiques des grands-parents du 21e siècle, leur influence, les pièges qui les guettent, les moyens de les éviter, mais surtout les occasions de plaisirs qu'ils peuvent multiplier avec leurs petits-enfants.

ISBN 2-922770-60-5   2003/152 p.

Guider mon enfant dans sa vie scolaire (2e édition)

Germain Duclos

Des réponses aux questions les plus importantes et les plus fréquentes que les parents posent à propos de la vie scolaire de leur enfant.

ISBN 2-89619-062-7   2006/280 p.

L'hydrocéphalie : grandir et vivre avec une dérivation

Nathalie Boëls

Pour mieux comprendre l'hydrocéphalie et favoriser le développement de l'enfant hydrocéphale vivant avec une dérivation.

ISBN 2-89619-051-1   2006/112 p.

J'ai mal à l'école
Troubles affectifs et difficultés scolaires

Marie-Claude Béliveau

Cet ouvrage illustre des problématiques scolaires liées à l'affectivité de l'enfant. Il propose aux parents des pistes pour aider leur enfant à mieux vivre l'école.

ISBN 2-922770-46-X   2002/168 p.

Jouer à bien manger · Nourrir mon enfant de 1 à 2 ans

Danielle Regimbald, Linda Benabdesselam, Stéphanie Benoît et Micheline Poliquin

Principes généraux et conseils pratiques pour bien nourrir son enfant de 1 à 2 ans.

ISBN 2-89619-054-6   2006/160 p.

Les maladies neuromusculaires chez l'enfant et l'adolescent

Sous la direction de Michel Vanasse, Hélène Paré, Yves Brousseau et Sylvie D'Arcy

Les informations médicales de pointe et les différentes approches de réadaptation propres à chacune des maladies neuromusculaires.

ISBN 2-922770-88-5   2004/376 p.

Mon cerveau ne m'écoute pas
Comprendre et aider l'enfant dyspraxique

Sylvie Breton et France Léger

La dyspraxie est un trouble de la planification et de la coordination des mouvements nécessaires pour réaliser une action nouvelle, orientée vers un but précis; comme lacer ses souliers, lancer un ballon… Ce livre donne un accompagnement sur mesure pour alléger la vie de l'enfant.

ISBN 978-2-89619-081-2   2007/192 p.

Musique, musicothérapie et développement de l'enfant

Guylaine Vaillancourt

La musique en tant que formatrice dans le développement global de l'enfant et la musique en tant que thérapie, qui rejoint l'enfant quel que soit son âge, sa condition physique et intellectuelle ou son héritage culturel.

ISBN 2-89619-031-7   2005/184 p.

Le nouveau Guide Info-Parents
Livres, organismes d'aide, sites Internet

Michèle Gagnon, Louise Jolin et Louis-Luc Lecompte

Voici, en un seul volume, une nouvelle édition revue et augmentée des trois Guides Info-Parents: 200 sujets annotés.

ISBN 2-922770-70-2   2003/464 p.

Parents d'ados
De la tolérance nécessaire à la nécessité d'intervenir

Céline Boisvert

Pour aider les parents à départager le comportement normal du pathologique et les orienter vers les meilleures stratégies.

ISBN 2-922770-69-9   2003/216 p.

Les parents se séparent...
Pour mieux vivre la crise et aider son enfant
Richard Cloutier, Lorraine Filion et Harry Timmermans
Pour aider les parents en voie de rupture ou déjà séparés à garder espoir et mettre le cap sur la recherche de solutions.
ISBN 2-922770-12-5   2001/164 p.

Pour parents débordés et en manque d'énergie
Francine Ferland
Les parents sont souvent débordés. Comment concilier le travail, l'éducation des enfants, la vie familiale, sociale et personnelle?
ISBN 2-89619-051-1   2006/136 p.

Responsabiliser son enfant
Germain Duclos et Martin Duclos
Apprendre à l'enfant à devenir responsable, voilà une responsabilité de tout premier plan. De là l'importance pour les parents d'opter pour une discipline incitative.
ISBN 2-89619-00-3   2005/200 p.

Santé mentale et psychiatrie pour enfants
Des professionnels se présentent
Bernadette Côté et autres
Pour mieux comprendre ce que font les différents professionnels qui travaillent dans le domaine de la santé mentale et de la pédopsychiatrie: leurs rôles spécifiques, leurs modes d'évaluation et d'intervention, leurs approches, etc.
ISBN 2-89619-022-8   2005/128 p.

La sexualité de l'enfant expliquée aux parents
Frédérique Saint-Pierre et Marie-France Viau
Ce livre traite de la place qu'occupe la sexualité dans le développement de l'enfant de 0 à 12 ans, des types de comportements et de jeux sexualisés ainsi que des comportements sexuels problématiques.
ISBN 2-89619-069-4   2006/208 p.

MARQUIS

Québec, Canada

RECYCLÉ
Papier fait à partir
de matériaux recyclés
FSC® C103567

Imprimé sur du papier Enviro 100% postconsommation
traité sans chlore, accrédité ÉcoLogo et fait à partir de biogaz.